Alejandro Genel

El Poder de tu Sombra

Conoce los secretos de tu lado oscuro

para sacar provecho de él en lugar de que

te destruya.

Nombre del libro: El Poder de tu Sombra

Autor: Alejandro Genel

Diseño de portada: Karen Bolaños

Compaginación: Alejandro Genel

Ref.:

ISBN.

Depósito legal:

Impreso por:

Índice

Agradecimiento

Deseo expresar mi más profundo agradecimiento a todas las personas que me han apoyado en mi crecimiento personal, tanto directamente como a través de sus libros. Gracias a Karen Bolaños, quien me impulsara desde hace meses a comenzarlo. Gracias a Rubén Martínez, mi maestro de teatro, por enseñarme tanto sobre la naturaleza humana, simplemente siendo y a través de su sabio ejemplo. Gracias a todas las personas que he tenido el honor de servir, desde mis tiempos en el Tec de Monterrey, en el que apoyaba a mis compañeros y amigos guiándolos por su lado oscuro, hasta la fecha cuando tengo el honor de contar con decenas de graduados de Encuentro con la Sombra. Gracias a los múltiples maestros, entrenadores y expertos en el tema de la sombra que me han motivado a escribir y a lanzar al público este libro, donde relato algunos de mis secretos más interesantes para aprender a manejar de manera creativa y poderosa a la sombra. Y gracias a mi sombra también, pues he sobrevivido y encontrado tanto de mí mismo al hacerme amigo de ella e integrarla a mi conciencia.

Introducción: ¿Para qué te Sirve este Libro?

Cuando, con base en tus resultados, sabes que la regaste; cuando sabes que hiciste algo que te hizo daño a ti o a alguien más y no supiste por qué lo hiciste, la razón por la que actuaste así provino de la sombra. Por eso es importante conocerla y aprender a manejarla; porque mientras no lo hagas, volverás a sabotearte de la misma manera una y otra vez. ¿No te has cansado de querer lograr algo y siempre frustrarte de la misma manera? ¿No te has hartado de meter la pata, una vez más, de la misma forma? ¿Te has vuelto a tropezar con la misma piedra recientemente? Todos éstos patrones que no te funcionan están en tu Sombra, y es tu decisión aprender a manejarla o no. Igualmente importante es que distingas, dentro de tu propia oscuridad, qué parte de ti te está haciendo daño, juzgándote, y qué partes de ti han sido juzgadas y hechas a un lado injustamente, dolorosamente, de manera no natural por tus propios juicios o por las opiniones o juicios de los demás. Es indispensable para tu crecimiento personal que cuentes con las herramientas para darte cuenta de qué partes de ti te hacen daño y cuáles, en cambio, solamente te dan miedo o

has apartado por juicios o porque así te lo han
enseñado.

Solamente aceptando plena y totalmente
quien realmente eres, alcanzarás un nivel de
amor propio que te permitirá crecer como
nunca antes en tu vida.

Además de tu sombra oscura, de la que
ya te platiqué, está tu sombra luminosa. Todo
tu potencial divino con el que aún no has
entrado en contacto, también se encuentra en
tu sombra, porque tampoco lo conoces, y ésta
parte de ti es la sombra luminosa.

¿Quién Soy y qué es lo que Hago?

Yo soy Alejandro Genel Velasco. Soy LAE por parte del Tec de Monterrey, y desde que estudiaba mi carrera me dediqué a guiar a las personas a través de las partes que no veían de sí mismas, para poder manejar sus obstáculos, y alcanzar facultades en su interior que de otra manera quedaban latentes y sin ser descubiertas. Muchas de ellas están agradecidas conmigo desde entonces y he practicado mis métodos de manera que, después de mucha práctica, puedo lograr resultados sorprendentes en pocas sesiones. Llevo desde 1984 navegando en la sombra, 18 guiando a la gente a través de su lado oscuro, y 2 haciendo eso con grupos de personas, a través del entrenamiento que diseñé para impartir yo: Encuentro con la Sombra. Me he convertido en el primer consultor espiritual de aventura del mundo gracias a ello y así sirvo a otros.

Éste es un libro para apoyarte a crecer desde tu interior. Específicamente, para hacerlo a través de tu sombra que, definida de manera simple, es todo lo que no ves en ti. Está diseñado como un complemento para mi entrenamiento, y como una introducción al mismo, para que veas si te interesa y te podría funcionar el tomarlo y vivirlo, como le ha servido a decenas de personas.

Hay cosas que no conoces y no te funcionan; sean obstáculos que te detienen o creencias a las que les das poder. O patrones que repites sin darte cuenta de por qué. Todo eso es parte de tu sombra, específicamente, de tu sombra oscura. Pero también hay potenciales que no ves en ti y que podrían apoyarte mucho en tu crecimiento pero que, por no tener el valor o las herramientas para verlos, no te apropias de ellos. Eso, que puedes encontrar una vez que ya has trabajado con la parte oscura de tu sombra, se llama sombra luminosa.

Lo que vamos a hacer juntos es crear conciencia sobre lo que no conoces de ti. Tanto lo que funciona o podría funcionar como lo que no.

Para eso requieres evitar los juicios. Y cuestionar todo lo que te diga. No te creas lo que te digo si no resuena contigo o no encuentras la lógica en ello; yo no soy el dueño de la verdad absoluta. Lo que sí tengo perfectamente claro es que todo en la vida proviene de dos fuentes: o del amor o del miedo. Nada más. Yo elijo crear desde el amor y alejarme de las creaciones que provienen del miedo, pero yo soy yo. Tú elige desde dónde vas a crear. Solamente te sugiero que elijas conscientemente; s9i no lo haces, alguien mas lo hará por ti. Cuando eliges inconscientemente a veces operas desde el miedo. Cuando eliges conscientemente, por lo general lo haces desde el amor, aunque hay excepciones. La gente realmente enferma elige conscientemente actuar desde el miedo, y no es para ésas personas para quienes he escrito éste libro. Es para ti, porque tú ahora tienes la posibilidad de elegir desde el amor, y tengo confianza en que lo harás.

Una advertencia antes de trabajar con éste libro. Todo lo que manejo es sobre una base de responsabilidad total. Para que te funcione su contenido requieres estar en disposición de ser 100% responsable de tu vida.

De otra manera te resultará inútil leerlo o intentar aplicarlo. No se trata de que seas ya 100% responsable de tu vida. Basta con que estés dispuesto a serlo.

Para servirte, siempre,

Alejandro Genel

Capítulo 1 ¿Qué es la Sombra?

Hablemos de la Sombra. De tu sombra. ¿Qué es la sombra? Dicho de manera sencilla, la sombra es todo lo que no conoces de ti. Todo lo que niegas de ti está ahí. Aquello de lo que no eliges ser responsable, está ahí. Si hay algo que ves en otras personas y no deseas ver en ti, forma parte de tu sombra. Psicológicamente, la sombra es un arquetipo que simboliza el inconsciente. También son creencias y actitudes, pensamientos y sentimientos, decisiones y elecciones de las que no estás consciente. Siendo así, dirigen y regulan muchas de las partes de tu vida sin que te des cuenta. Lo más significativo de todo ésto es que en muchas ocasiones darán como resultado cosas distintas o hasta contrarias a lo que tú dices que deseas, o a tu imagen personal. También puedes decir que, por lo general, son partes rechazadas y reprimidas de ti mismo; ésta es la denominada sombra oscura. Pero también hay partes de ti que desearías desarrollar o tener y no conoces; ésta es la sombra luminosa.

En resumen y dicho de manera sencilla, la sombra es todo aquéllo que no conoces de ti. Y dicho de manera más intrincada, la sombra consiste en todos los fragmentos enajenados de ti mismo, que requieres reintegrar para volver a ser completo. Enajenados significa que los has convertido en algo ajeno a ti, que los has separado de ti de manera no natural. Y ser completo... ¿a quién le gustaría ser media persona y llevar una vida mediocre? Y sin embargo, la mayoría de la gente lo hace, porque no sabe que tiene una sombra y que es posible integrarla a su personalidad para ser un ser humano completo y total.

Una última distinción precisa: la sombra tiene áreas de penumbra, que están iluminadas a medias, y los expertos dicen que eso también es tu sombra aunque, técnicamente, es conocida por ti o por alguien, así que no es realmente algo desconocido e inconsciente en su totalidad, sino parcialmente. Hablaremos de eso con mayor profundidad en el tema de dónde ves a tu sombra.

Capítulo 2 ¿Por qué Creas una Sombra?

La sombra la creas por la necesidad de pertenecer a un grupo social, pues eres un ser que necesita de tus semejantes para sobrevivir. El ser humano requiere de otros desde antes de nacer hasta incluso después de morir, y al ser un bebé tu principal prioridad es sobrevivir, al igual que cualquier animal, y por ello buscas encajar en lo que es la educación tradicional, el patrón social y el entorno familiar que te educa y forma. La moral de tu entorno, la religión, las Leyes y las influencias de padres y maestros determinarán qué es lo adecuado, y qué debe enviarse a la sombra, que es todo lo que no consideras adecuado de ti mismo. Es indispensable hacer notar que todo éso que mandas a la sombra es algo natural y totalmente humano, con lo que todos nacemos y nadie es una excepción.

Simplemente hay quien aparenta no tenerlo, y por ello pierde el poder sobre eso. Eso es peligroso, pues es quien más presume de ser una persona moral quien termina haciendo actos terribles que van en contra de todo aquello que pregona. El tema de por qué la gente hace ésto lo abordaremos después.

A pesar de que es una parte que desconoces o rechazas de ti mismo, es curioso notar que, en muchas ocasiones, es más auténtica que el ego o persona que muestras a los demás. De hecho, la palabra "persona" significa máscara en latín. Como dice mi querida amiga y entrenadora transformacional

Renèe Palma: "Tú eres realmente quien eres cuando estás a solas." Y por eso, cuando permites que salga tu sombra, estás dando expresión a partes de ti auténticas que permanecen a oscuras, o reprimidas, y en lugar de considerarlas inadecuadas o pelearte contra ellas, podrías aprovechar su potencial y encontrar poderes y capacidades que crees inalcanzables para ti y que ves en otros o envidias en otras personas.

Capítulo 3 ¿Dónde Ves a la Sombra?

Es intrincado, precisamente porque para ver la sombra dentro de ti se requiere de un entrenamiento específico y de apoyo externo, al principio, para notarla. Las partes que conforman tu sombra se explican más fácilmente con una herramienta llamada La Ventana de Johari, creada por los psicólogos

Joseph Luft y Harry Ingham. Hay partes de ti que tú muestras y que otros ven; ésas son totalmente transparentes y es una parte luminosa de tu personalidad, llamada ego. Hay una parte de ti que conoces y que otros no ven, porque no deseas mostrarla; ésa parte está en penumbra, y abarcando parte de lo que es la sombra. Hay partes de ti que otros ven y que tú no ves, y que también se encuentra en un área de la penumbra porque sí existe una conciencia, por parte de otras personas, de que existe en ti y cuando te dicen te abren la posibilidad de conocerla. Asimismo ésta parte se extiende hasta formar parte de la sombra. Pero hay una parte realmente oscura de ti; la parte que tú no ves, y que otros tampoco ven. Esa parte ¿cómo la ves? Para eso está diseñado mi entrenamiento de Encuentro con la Sombra y éste libro te da información y varios secretos

prácticos para aprender cómo comenzar a
contactar con ella y manejarla de manera
creativa y productiva para ti.

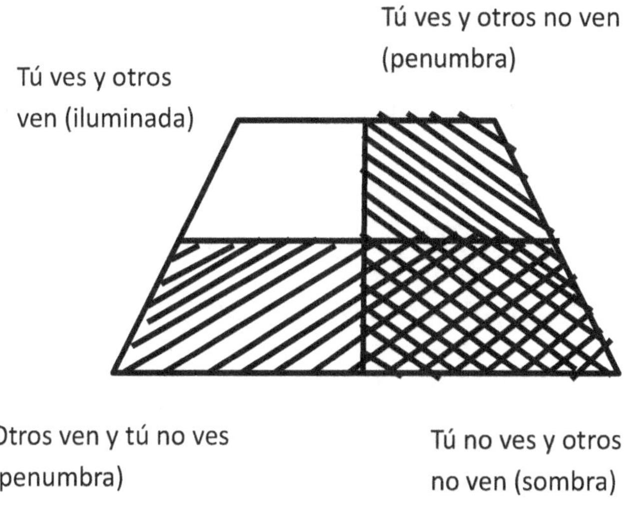

Las partes que están en la penumbra,
específicamente, las que otros ven en ti pero tú
no, las ves en los demás. Precisamente porque
es inconsciente y no te percatas de que la
llevas contigo, la ves en otros seres humanos.

Al rechazar ciertas partes de ti mismo, evitas reconocer tenerlas. De ahí surge la proyección, que es el acto inconsciente de asociar a otros seres humanos todo lo que desasocias de ti. Es la base del enjuiciamiento y de todas las separaciones entre personas y, por ende, el origen de todas las guerras. Es importante notar que muchos expertos dicen que ésto es la sombra, cuando solamente se trata de una porción de la misma, y una parte que, técnicamente, está en la penumbra. Penetrar profundamente en la sombra oscura, en la parte que ni tú ni nadie conoce de ti, requiere de herramientas distintas a las que conoces y te han dado en otros cursos y entrenamientos. Tú puedes pedir a los demás que te digan qué ven en ti y darte cuenta de lo que no ves. Tú puedes elegir mostrar las partes de ti que ocultas. Pero para poder conocer tu sombra profunda, la que está más allá de las penumbras, requieres de apoyo de expertos y herramientas poderosas. Una de las técnicas más conocidas es aventurarte en un viaje personal que es una etapa natural de la vida de toda persona, y puedes llamarla la búsqueda personal, el ciclo del héroe, el ciclo del guerrero, y otros nombres similares, que puedes llevar a cabo con la guía de expertos en el área de la sombra.

Te doy una herramienta práctica para que aprecies dónde puedes ver a tu sombra, basada en una lista de William A. Miller:

1. Al tener sentimientos exagerados sobre los demás.

2. Cuando recibes feedback negativo de los que te sirven como espejo.

3. En las relaciones en las que ocasionas el mismo efecto perturbador sobre diferentes personas.

4. En las acciones impulsivas o inadvertidas.

5. En las situaciones en las que te sientes humillado.

6. En los enfados desproporcionados por los errores cometidos por los demás.

7. En cualquier conversación que tienes respecto a tu propio cuerpo o el de alguien más.

Recuerda siempre ésto: cuando ves algo en otra persona y te 'informa', te es funcional. Cuando ves algo en otra persona y te 'afecta', no te es funcional y proviene del área de la sombra. Éstas son tus primeras herramientas para comenzar a cobrar conciencia de tu sombra personal.

Capítulo 4 ¿Cómo Puedes ver si estás Siendo Responsable o si estás Evadiendo?

A continuación, te transcribo un artículo que escribí hace algunos años intitulado "Ser responsable o evadir".

Ser responsable es muy importante si estás en el sendero del crecimiento personal. Es indispensable para amarte. Es básico para hacerte cargo de tu vida. ¿Cómo podrías manejar tu vida si, en lugar de ser responsable, fueras víctima de tus circunstancias? O ¿lo eres? Porque en la vida solamente hay dos posturas. O eres creador... o eres víctima. Ahí sí es muy sencillo hacer la distinción. Cuando estás presente, aquí y ahora, sabiendo que tú y solamente tú has creado o atraído lo que tienes en tu vida, y estás dispuesto a hacerte cargo de ello, eres creador. Cuando, a pesar de estar aquí y ahora, te lamentas del pasado o te preocupas del futuro, estás siendo víctima (y estás evadiendo, igual que todas las víctimas). Discernir es fácil cuando eres consciente, pero eso requiere mucha práctica.

Y para evadir, en cambio, no se requiere tanta. Basta con dejar a la mente en el piloto automático y no discernir nada. Cuando algo ocurre, hacer como que no pasó nada, o elegir olvidarlo. O simplemente, elegir no verlo. Está comprobado que tus ojos y oídos perciben solamente el 50% de todo lo que te rodea. Así que, inconscientemente, eliges no ver ni oír la mitad de lo que sucede a tu alrededor. ¿Qué es lo que tú evitas? ¿Qué es lo que filtras para no ver ni oír? Y cuando sí lo haces, ¿qué es lo que decides no observar ni escuchar? Porque podemos ver y oír sin consciencia, pero solamente podemos observar y escuchar cuando lo hacemos de manera consciente.

Cuando puedes estar totalmente presente... cuando puedes escuchar el latido de tu corazón, las conversaciones a tu alrededor, saber que estás leyendo algo con detalle, que al mismo tiempo tus pulmones se están llenando de aire, que hay personas que están pensando en ti en este momento, que la Tierra sigue girando, que tu cuerpo está multiplicando sus células, que te has insensibilizado en algunas áreas de tu cuerpo por conservar esta postura, que la luz te está cansando tus ojos, que cuando lees algo que resuena contigo suspiras... cuando puedes percibirlo todo, realmente estás presente. Y consciente de estarlo. Lograrlo segundo a segundo toma práctica, pero vale la pena. El único momento donde está la alegría y la gratitud es en el presente. El único tiempo en el que puedes decidir algo es en el presente. Y donde puedes actuar y hacerte responsable, también es en el presente. Poder aprovecharlo instante a instante otorga grandes recompensas. Pero es una elección. Y muchos prefieren elegir no estar presentes. ¿Qué eliges tú?

Y estoy apenas escribiendo de las cosas sencillas, que todos podemos entender con un poco de guía. Hay tanto más que puede ser consciente, si te das la oportunidad. ¿Cuántas veces te encuentras fantaseando sin dirección ni intención verdaderas? Porque Soñar (así, con "S" mayúscula) un Sueño adulto, algo genial que podría ser, y que de volverse realidad, hará un cambio positivo en el mundo, está fantástico. Y más aún si tomas acción para volverlo realidad. Pero, francamente, ¿cuántas veces solamente tienes fantasías adolescentes, sin ton ni son, que además, de volverse realidad, te meterían en un aprieto? Eso no es estar presente. Es evadir.

De hecho, cada vez que haces algo para EVITAR hacer otra cosa, estás evadiendo. Y ese algo puede ser cualquier cosa. Hay gente que evita bebiendo, fumando, drogándose... pero también trabajando, pretendiendo que arregla las vidas de otras personas o llenando su vida de compromisos sociales... las formas de evadir son tan variadas como personas hay en el mundo. Pero la regla es sencilla: si estás postergando algo que tu interior te dice que es importante, por hacer otra cosa que no tiene el mismo nivel de profundidad personal, estás siendo irresponsable. Es fácil discernir cuando tienes el parámetro y las ganas de ser consciente.

Puedes ser irresponsable haciendo algo. O no haciendo nada. El caso es que si no le das una respuesta a la situación que está emergiendo en tu interior, sigues sin responder, y por lo tanto, sigues siendo irresponsable. Es importante escuchar y atender lo que sucede en tu interior.

Puedes ir por tu vida en automático, y elegir no darte cuenta de nada. O puedes elegir un sinnúmero de actividades y eventos de manera consciente, para inconscientemente evadir algo que tienes miedo de atender. Y hay más maneras de evitar la responsabilidad.

No sentir gratitud es otra manera de evadir. Porque cuando sientes gratitud, estás dispuesto a hacerte cargo de tu éxito, de tus amigos, de tener un mundo y una familia que se interesan por ti. Y cuando prefieres no sentir la gratitud, muchas veces es por miedo a la responsabilidad. A la responsabilidad que conllevan el éxito, las relaciones íntimas y profundas, el ejemplo de ser un creador. Eso ya deja más que pensar.

Castigarte es otra manera de evadir. Es mucho más sencillo castigarte y evadirte... que perdonarte y comprenderte. Cuando te perdonas y procuras comprenderte, te haces cargo de ti, en lugar de enjuiciarte y etiquetarte y desechar partes de ti. Cuando dices que tienes una parte "buena" y otra "mala" y después de enjuiciarlas y etiquetarlas, además quieres eliminar una de ellas, no te estás haciendo responsable de ti. Si lo fueras, te aceptarías plenamente, con tus fuerzas y debilidades, con tus defectos y virtudes. Y una vez que los aceptas, puedes hacer algo para darles un uso distinto. Pero nunca antes. ¿Cómo vas a dirigir lo que no conoces o no aceptas que tienes? Creer que de verdad puedes hacerlo es arrogancia y otra manera de evadir.

En lugar de castigarte, puedes discernir que todo acto tiene consecuencia. Y hacerte cargo de esa consecuencia es responder. El castigo adicional que te quieras impartir es opcional e inútil. A nadie le beneficiará tu castigo, sin importar cuál sea o qué tan duro te lo apliques. En cambio, hacerte cargo de ti, de la totalidad de ti, puede convertirte en una persona más consciente de sus componentes, lista para utilizarlos de la manera más madura cuando sea el momento oportuno.

Si nunca te haces cargo de tu parte "simple", por ejemplo, porque te han enseñado que cuando estás de simple eres "débil" (o por la razón que sea), te perderás de muchas cosas, como disfrutar una película de humor sencillo. Si no dejas aflorar a tu lado simple y la disfrutas, te la pasarás criticándola o juzgándola (igual que a esa parte de ti), y en lugar de elegir vivir el presente sintiéndote maravilloso, lo vivirás sintiendo que estás perdiendo el tiempo. Y todo es cuestión de actitud. Pero no puedes adoptar la misma actitud para todas las situaciones de la vida. Y entre más te conozcas y te aceptes (y, por lo tanto, seas más responsable de ti), más fácilmente podrás adoptar la actitud que mejor se adapte a la situación presente y disfrutar con ello. ¿No es algo que vale la pena practicar hasta dominar? ¿Qué tan poderoso podrías ser si, cada que se presenta una situación adversa, pudieras adoptar la actitud que te permitirá salir adelante, sin juzgar cuál sea? Podrías hacerte cargo no solamente de ti y de tus circunstancias, sino también de muchas personas a tu alrededor. Interesante, ¿no?

Ahora vamos a los niveles más profundos. Aún hay, al menos, dos maneras muy importantes de evadir que no he mencionado. Uno es la proyección. Y el otro la identificación.

¿Cuántas veces eliges descalificar o ignorar a diversas partes de ti mismo? ¿Cómo puedes ser responsable ante otros y ante la vida cuando ni siquiera escuchas y atiendes las voces de tu propio interior? Todo malestar físico, toda enfermedad y todo accidente son resultado de una irresponsabilidad emocional. Así que si te generas cualquiera de esas tres, tampoco estás respondiendo; todos son mensajes de personitas descontentas adentro de ti, gente que te niegas a escuchar y que te hacen escándalos más fuertes cada vez para llamar tu atención... hasta que les oyes o te matan. ¿No sería preferible evitarte una lesión o un accidente mortal? ¿No sería más práctico atenderte y escucharte que morir de cáncer o diabetes? Y sin embargo, tantos seres humanos eligen, sea consciente o inconscientemente, evadirse a sí mismos, en lugar de escucharse. ¿Por qué sí tienes oídos para la gente que te habla en la calle? ¿Por qué atiendes a esa persona vagabunda, pese a que otros la consideren "escoria social"? Y tú, ¿qué no mereces al menos el mismo amor y atención que das a otros? Y entonces ¿por qué no se la das a TODAS tus partes internas sin importar cómo las juzgues? Piensa en la respuesta antes de pasar al siguiente párrafo.

Los seres humanos son especialistas en dar su energía y desperdiciarla donde menos útil es. Es inútil preocuparse por el futuro o lamentarse por el pasado, pero gastan tanta energía en hacerlo. Son expertos en dar energía a actividades que les permitirán seguir pretendiendo estar "bien" mientras se aseguran de que son todos los demás los que están "mal". Y la energía para mantener esa ilusión y contarse esas historias los drena de todo poder personal hasta que quedan como cáscaras vacías, huecas y sin nada que importe en su interior. ¿Cómo se van a hacer cargo de sus partes valiosas si ni siquiera tienen el valor de primero admitir sus partes que consideran indignas o inadecuadas? Lograr hacerlo conlleva muchas recompensas, pero se requiere humildad y decisión.

Una manera de dar energía a borbotones de manera inútil y, además ser irresponsable, es la proyección. Toda vez que tienes una reacción emocional intensa ante otra persona, estás proyectando. Cuando resistes a alguien con fuerza, o admiras a alguien con pasión, estás proyectando. No tendrías una reacción emocional tan acusada si no poseyeras las mismas cualidades o defectos en tu persona. Y es muy fácil verlas en otros, pero cuando eliges no ser consciente, serás incapaz de verlas en ti. Cualquier cosa que veas en otra persona la tienes tú. Si tu reacción es desproporcionada a lo que sería normal o natural, con toda seguridad estás proyectando. En lugar de juzgar, criticar, alabar o ensalzar a esa persona (o de hacerlo contigo), date cuenta de por qué no te agradan esas cualidades en ti, o por qué crees no tenerlas, y haz algo al respecto. No castigarte ni juzgarte, pero sí escucharte, atender el llamado de esas partes que te hablan a través de tu resistencia a otras personas, y buscar un cauce creativo a su energía. La energía solamente es energía; depende de ti cómo la uses, y eso abarca también tu actitud y tus sentimientos. Solamente tú puedes decidir cómo usarás todo lo anterior, a menos que elijas seguir en la inconsciencia y ser manipulado a antojo de otros. ¿Prefieres ser una marioneta o un creador? ¿De qué manera estás siendo realmente más responsable? ¿Qué te funciona más? ¿Qué le funciona más a tu familia? ¿Y al mundo? ¿Valdría la pena hacer una elección consciente para tener un país distinto? Todo depende de ti, y la única persona con tus respuestas particulares eres tú.

Finalmente, tal vez la menos conocida de las maneras de ser irresponsable es la identificación. Cuando proyectas, evitas ver lo que se te facilita ver en otros. Pero admito que hay ocasiones en las que, viendo honestamente en tu interior, puedes decir "te prometo que no lo tengo en mi... lo resisto terriblemente, pero es algo que, tras analizar profundamente, en serio no tengo en mi, y por lo tanto no estoy proyectando". Te la creo. Pero entonces, seguramente te estás identificando. Y esto ocurre cuando tú te identificas con ciertas cualidades o imágenes que demuestras tener. Si tú te identificas con la persona fuerte, vas a rodearte de personas débiles... y tendrás la razón. Si te identificas con la persona débil y que requiere ser guiada, atraerás automáticamente personas manipuladores y fuertes que guiarán o forzarán a que tu vida se dirija hacia alguna dirección... y tendrás la razón. Mas pese a tener la razón, perderás en la responsabilidad, porque cuando te identificas con alguna imagen o característica personal, en primer lugar, no la estás siendo. Estás pretendiendo serla. Y en segundo lugar, te impide comunicarte de manera clara y eficaz contigo mismo, al igual que lo hace cualquier otro mecanismo que utilices para ser irresponsable.

Identificar y ser consciente de estarlo haciendo puede ser muy útil cuando ya eres consciente de todas las demás formas de ser irresponsable. Aunque te identifiques con cualidades que te funcionen, si aún tienes que demostrar que las tienes, solamente te estás identificando con ellas. Y, en ese caso, aún no las eres; solamente estás pretendiendo serlas. El día en que puedas decir, honestamente, que eres o tienes tal o cual cualidad, sin tener que proclamarlo a los cuatro vientos, o tener que demostrarlo, y que dejes de rodearte de gente que es exactamente opuesta a esa cualidad en ti, ese día puedes decir que eres esa cualidad humilde y honestamente, sin identificarte con ella. Pero mientras atraigas personas que resistes precisamente porque son todo lo opuesto a lo que pretendes demostrar que eres... seguirás siendo irresponsable. Analízate con cuidado.

No pretendo abarcar todas las maneras de ser irresponsable, aunque te doy una amplia guía. Como dije antes, hay tantas maneras de evadir como personas en el mundo.

Hay quien evade al comer, creando una armadura de grasa en su cuerpo. Hay quien evade al ir perdiendo la vista, por resistir ver algo o desear dejar de ser responsable por algo que ve. Hay quien prefiere quedarse sordo, sin huesos, sin hígado, sin amigos... maneras de ser irresponsable hay muchísimas. Pero es muy claro ver cuándo estás siendo responsable. Cuando atiendes el llamado interior, te escuchas a ti mismo, haces algo al respecto y tienes resultados distintos, puedes estar seguro de que estás dando una respuesta genuina y útil en tu vida.

Ser responsable o evadir... tú eliges.

Capítulo 5 ¿Cuál es la Relación entre la Sombra y el Ego?

Tu Ego, si es pequeño, sabes cómo manejarlo, y te alinea con tu Ser, con tu verdadera esencia, te funciona. Pero cuando crece demasiado, y adquiere ciertas actitudes y tendencias, se convierte en tu único verdadero enemigo: tu ego negativo. Aprender a distinguirlo de las demás vocecitas de tu interior y manejarlo es un reto que vale la pena, pues también es el comienzo para la liberación interior. Asimismo, poder discernir qué partes de ti te funcionan y en qué momentos, y cómo aprovecharlas para recuperar tu energía personal es muy importante. Así aprenderás a amarte en lugar de hacerte la guerra a ti mismo en tu propio interior. Cuando reprimes u ocultas ciertas partes de ti, creas una sombra y tu ego se siente independiente de ella. Tú conoces a tu ego: te conoces tú. Tu sombra se vuelve todo aquello que desconoces.

Finalmente recuerda que dentro de ti hay un potencial enorme pero que tampoco conoces...

Como dice Jeremiah Abrams: "El trabajo con la sombra te ofrece la extraordinaria oportunidad de disipar la tensión existente entre tu sombra y tu ego y, en ese sentido, de ser plenamente consciente de tus decisiones. Si puedes elegir lo que haces en el mundo también podrás asumir la responsabilidad del mundo que creas."

¿No crees que vale la pena recuperar tu poder personal, hacerte tu propio amigo y contar con el apoyo de todas tus facetas de ti mismo? Yo he encontrado enormes recompensas al hacerlo.

Capítulo 6 ¿De qué te Sirve Conocer tu Sombra?

Cito nuevamente a Jeremiah Abrams: "Conocer y trabajar con la sombra es un proceso que te encamina hacia la búsqueda de una vida auténtica, o lo que puedes llamar una existencia íntegra. Mientras no tomes conciencia de la enorme influencia de la sombra en tus decisiones conscientes permanecerás sujeto a su influjo. Absolutamente todo lo que haces es influenciado por tu sombra, y sólo estando consciente de ella podrás tomar decisiones claras y conscientes y liberarte definitivamente del remordimiento, sólo entonces podrás elegir ser un individuo respetable y decidir comportarte como alguien con quien se puede contar."

Muchos temen perder su individualidad al volverse uno con el todo. Nunca se pierde conciencia. Siempre se gana. Otros temen que el lado oscuro los domine. Puedes hacerte amigo de tu lado oscuro una vez que lo conoces, pero no antes. Si no lo regulas, te puede explotar. Pero si lo conoces, podrás negociar con él o enrolarlo para expresarse de una manera más creativa.

Una frase del psicólogo que creó el concepto de sombra en el occidente, Carl Gustav Jung, es: "Lo que niegas te someterá.

Lo que asumes como propio te transformará."
¿Será útil conocer a tu sombra?

Más allá; la sombra se maneja desde hace milenios en culturas orientales, representada por el yin yang, por ejemplo. En la cultura Persa, desde el año 1,200 el poeta Rumi hablaba de la sombra, y de la conferencia en YouTube de Virgina Gawel, cito textualmente las siguientes frases de Rumi:

"Por muy rápido que corras,

tu sombra no sólo te sigue siempre

Sino que, a veces, ¡se te adelanta!

(...) Pero esa sombra

¡también te hace un servicio!

Lo que te duele, te bendice.

La oscuridad es tu candela.

Tus límites son tu búsqueda.

(...) Tienes que tener tanto una sombra como una fuente de luz.

Escucha y reposa tu cabeza bajo el árbol del recogimiento."

Trabajando con la sombra encuentras tus valores y puedes dar amor y aportaciones importantes del mundo.

Además, ahí, en tu lado oscuro, se encuentran las razones del autosabotaje y la razón por la que no alcanzas tus metas. ¿No crees que conocer eso y tener el poder de cambiarlo es importante y útil? Es importante que reconozcas en qué momento, al intentar ir por tus sueños, hay otra parte u otras partes de ti que te impiden alcanzarlos. Y hasta que no conozcas ésas partes y aprendas a tratar con ellas o manejarlas, todos tus intentos se quedarán en eso: intentos. No tendrás todos los logros que podrías elegir como propios al negarte, precisamente, a conocer tus obstáculos interiores para poder darles solución.

Muchas personas buscan el apoyo de profesionales para lograr sus metas, y a medio camino se sabotean o abandonan sus metas o simplemente dejan de contestar las llamadas de sus entrenadores o profesionales. Y como éstos no atendieron la causa a tiempo, el resultado fue que, a pesar de contar con herramientas poderosas, sus clientes no lograron alcanzar sus metas. Desconocer ésta sombra es la misma razón por la que muchos negocios quiebran. La sombra existe no solamente a nivel personal, sino también a nivel familiar y corporativo. Incluso los países tienen una sombra. Cuando la sombra es común en sus características en un grupo, se le llama sombra colectiva y es la más destructiva de todas. Como ésto es importante, haré una explicación más profunda.

La sombra colectiva es lo que identifica a un grupo con otro grupo o persona. Esa identificación puede ser positiva o negativa. Cuando es positiva, puedes ver a los fans de estrellas del cine, la televisión o la música. Cuando es negativa, puede llevar a los linchamientos, a los genocidios, a la guerra. Conocer tu sombra a nivel individual y manejarla para evitar sentir odio hacia tus semejantes puede apoyar a que existan menos proyecciones colectivas de la sombra colectiva. Por eso también es importante conocer a tu sombra personal; así apoyarás a evitar las tragedias que han sucedido en el pasado en la historia y que nunca tuvieron por qué suceder.

Conocer tu sombra también te permite recuperar tu poder personal. Se ha demostrado en un estudio científico que además de que puede haber "manzanas podridas" también existen los "barriles podridos". Hay personas sin valores éticos o morales y puedes considerarlas "manzanas podridas", y su contacto con otras personas o "manzanas" apoyará a que se pudran más rápido. Pero es más poderoso y sorprendente que existen "barriles podridos", donde personas o manzanas aparentemente "sanas" se "pudren" rápidamente. Personas que jamás hubieran imaginado hacer actos nefastos o en contra de su propia moral o valores se encontraron haciendo precisamente eso cuando fueron rodeados de las circunstancias que lo fomentaron. Cuando tú conoces plenamente a tu sombra y has aprendido a manejarla y darle una canalización positiva a ésas partes reprimidas de ti, no habrá "barril" que te pueda "podrir" porque te habrás convertido en una persona inquebrantable, ya que no existirá razón alguna para que puedas ser manipulado ni dejar tus valores de lado.

En el estudio científico que te menciono, "The Stanford Prison Experiment", varios estudiantes fueron seleccionadas para participar. Los que se ofrecieron y accedieron se dividieron en dos grupos. Los científicos le dijeron a un grupo que eran los "carceleros" y al otro que eran los "presos" y se les dieron roles, uniformes, y un lugar donde los encerraron a todos de acuerdo a sus papeles y comenzaron a interactuar unos con otros. Los resultados fueron sorprendentes y tan alarmantes que tuvieron que parar el experimento antes de tiempo. Esto fue porque el grado de abuso de los "carceleros" para con los "presos" había alcanzado ya límites a los que los científicos jamás se habían imaginado que llegarían, y por la seguridad de los voluntarios detuvieron el experimento.

Otro ejemplo es el de Marina Abramovic quien, encantada de llamar la atención, hizo una propuesta abierta al público. Su compromiso fue no moverse durante seis horas, y dejar que la gente hiciera con ella lo que quisiera durante el límite de tiempo que ella estableció y con los 72 objetos que dejó sobre una mesa junto a ella. Es impresionante que gente que nunca se hubiera imaginado quebrantar sus valores morales, se puso a cortarle la ropa, a pintarla, a utilizar varios de los utensilios que ella dejó en la mesa, incluida una pistola, con la que la amenazaron. Cuando terminó el tiempo y ella se empezó a mover, la mayoría de la gente corrió despavorida, huyendo de las consecuencias de sus actos. Es sumamente impresionante lo que puede hacer la sombra cuando se le suelta sin un control adecuado y si ha sido reprimida durante años. Cuando aprendas a no reprimir a tu sombra, y a darle una expresión creativa y desde el amor, jamás te verás siquiera tentado a hacer cosas como las que hicieron esas personas.

Conocer tu sombra también implica comprometerte contigo a amarte lo suficiente para conocer qué emociones estás sintiendo y cómo manejarlas de la manera más adecuada y positiva para ti. Las emociones solamente son problemáticas y enfermizas cuando no se sueltan y expresan. TODAS las emociones son válidas. No hay emociones "buenas" ni emociones "malas". Las emociones simplemente SON EMOCIONES. Sin juicios. Lo que sí es un hecho es que las emociones te EXPANDEN o TE CONTRAEN, y todo DEPENDE DE TI y de DÓNDE TE ENCUENTRES entre ellas. Hay 21 emociones en tres capas de siete emociones cada una. Y depende enteramente de dónde te encuentres para que una emoción sea expansiva o contractiva PARA TI. La mayoría de los cambios sociales que se requerían NO nacieron de una emoción "buena" sino de una emoción contractiva. Si las mujeres no hubieran estado hasta el copete de los hombres, y con su furia hubieran hecho la revolución femenina... no habría pasado nada. Si los negros de Sudáfrica no hubieran estado hartos de los blancos en el poder... el Apartheid seguiría aún. Y yo, personalmente, sé que no le puedo quitar, cuando alguien me pide terapia, su emoción contractiva a alguien directamente. ¿Qué tal que es lo único que lo mantiene con vida? Hasta que no me aseguro de que tiene otra emoción más expansiva de dónde sujetarse, me atrevo a apoyarlo a deshacerse de esa emoción. Durante 5 años de mi adolescencia de los 12 a los 17, a diario tenía la elección de deprimirme, suicidarme o dejarme morir (emoción de nivel 1)... u odiar (emoción de nivel 3). Y elegí la vida. Odié durante 5 años y eso me mantuvo con vida durante mi adolescencia. Una vez que logré encontrar alegría, amor, y no antes, pude soltar el odio, pero la venganza fue mi motor de vida durante 5 años y la verdad... NO ME ARREPIENTO. Es muy fácil juzgar las emociones. Lidiar con ellas y permitirte sentirlas en profundidad y APROVECHAR

CADA UNA DE ELLAS, sin juzgarla, eso sí tiene su chiste.

Yo manejo las 21 emociones en círculos concéntricos (1 es la más contractiva), pero aquí está el enlace de la fuente original en inglés; LAZARIS:

http://www.lazaris.com/shop2/Tiersofemotion.pdf

Capa I: emociones más contractivas: 1. Desesperanza 2. Soledad y vacío 3. Venganza y odio 4. Culpa   5. Envidia 6. Dolor 7. Miedo

Capa II: emociones medias: 8. Furia 9. Pesimismo   10. Tristeza 11. Lástima 12. Preocupación   13. Frustración 14. Aburrimiento

Capa III: emociones más expansivas: 15. Bienestar 16. Optimismo 17. Entusiasmo 18. Esperanza 19. Pasión 20. Felicidad 21. Amor

Capítulo 7 ¿Es Peligrosa la Sombra?

Sí. La sombra es peligrosa por dos razones principalmente. La primera, porque yacen en ella las partes de ti que has desatendido. Y cuando las reprimes, suelen explotar eventualmente de manera violenta, trayendo destrucción y hasta la muerte para ti y para las personas que te rodean. Y si recuerdas que, cuando ésto se hace de manera colectiva, es el origen de los linchamientos, la guerra y el genocidio, recordarás lo peligrosa que puede ser cuando es desconocida y no aprendes a manejarla a tiempo.

La segunda, que no mencionan la mayoría de los expertos, es que también en la sombra está tu ego negativo. Tú no naciste con él, pero como habita en tu interior, puede orillarte a cumplir su fantasía de destruirte afectando a tu gente cercana y en ocasiones también poniéndoles en peligro. Hay que aprender a manejar ambos peligros para que el viaje por tu sombra sea uno de amor y autoconocimiento, en lugar de uno de rechazo y destrucción.

Te cito el ejemplo de una persona que intenté apoyar en su momento, pero que ni mi conocimiento ni experiencia bastó para poder generar un resultado suficiente en su caso. Ella era una mujer de mediana edad, con muchas ganas de crecer espiritualmente. Vivió y se graduó del programa de liderazgo de tres niveles de la empresa en la que yo trabajaba. El problema es que, además de no haber trabajado sus problemas lo suficiente, tenía en su interior algo que se llama ego negativo y éste estaba a cargo de su crecimiento espiritual. Y entonces, éste comenzó a destruir su vida y su derredor. Ella juraba que estaba llena de amor y que era puro amor divino y que era casi casi como descendiente de ángeles y mucho más consciente que los coaches que la asesoraron y se peleaba con quien dudara de su espiritualidad y su conexión divina. La verdad del caso es que sus resultados no mentían: había algo en su sombra que no le funcionaba. Se sentía, según ella, cada vez más llena de amor, pero se aislaba cada vez más de la gente. Se sentía superior a todos los coaches que hablaban con ella, pero era incapaz de aceptar retroalimentación y opiniones basadas en hechos. Se creía más allá de todos los seres humanos pero en realidad se sentía incapaz de manejar su baja autoestima y su inseguridad para tratar a otras personas. Yo intenté hablar con ella pero me quedé en el intento: solamente pude hablar con su ego negativo, no con ella. Le decía yo: "pero fíjate en éstos resultados". Y ella respondía que no era cierto y que no tenía que ver con ella, o cambiaba el tema. El caso es que procuré hablar con ella pero fue imposible; era más de 90% ego negativo y apenas si quedaba 10% de su personalidad y ego originales. Después de tres meses se suicidó, ahorcándose, y ese fue el triunfo de su ego negativo. Sí, la sombra puede ser peligrosa cuando no conoces lo que está en su interior. Ese ejemplo es uno de muchos que puedo citar sobre las personas que perdieron el piso y su poder personal.

Ahora bien, la sombra también pone en peligro tus relaciones, tu éxito, tu trabajo y tu crecimiento interior. Cuando no eres consciente de tu sombra, tú puedes intentar apoyar a otros, pero la sombra termina malogrando tus mejores intenciones. Igualmente, en una relación o en tu camino hacia el éxito, la sombra puede nublar tu mente e impedirte relacionarte con honestidad y sinceridad con la otra persona, y también te impide relacionarte de manera sana con tu éxito y tus logros.

Pero así como es peligrosa la sombra es igualmente peligroso pretender ser unilateral, esto es, procurar ser únicamente "bueno", porque lass partes reprimidas de la sombra surgirán cuando menos lo esperas o te enfermarán. Cuando tienes emociones reprimidas, éstas pueden explotar, dificultando tus relaciones humanas y laborales y frustrándote una vez más en tu búsqueda de éxito. Todas las enfermedades y a hasta los accidentes son inducidos por emociones reprimidas. Todos los pleitos y problemas entre las personas son ocasionadas por una sombra reprimida.

Finalmente, requiero hacerte una importante advertencia: todos los coaches de verdad y los entrenadores genuinos y las personas que trabajan con el recurso más valioso e intrincado de todos, el recurso humano, saben que trabajar con personas es el trabajo más delicado. Pero como dice Manuel Marques Robles: "Trabajar con la sombra de las personas es el trabajo más delicado de todos." Es imperativo que se realice con mucho amor y cuidado, y por una persona con la suficiente experiencia para poder manejar cualquier situación que alguien que no domine el tema no sepa resolver. Yo soy un experto en el tema de la sombra porque llevo desde los 12 años navegando por ella, desde los 24 guiando a personas, de manera personal, a través de su lado oscuro; tardé cuatro años en diseñar el entrenamiento que imparto y lo diseñé para poder impartirlo yo y solamente yo, y llevo ya dos años y medio impartiéndolo con éxito. Es un entrenamiento diseñado para mis habilidades y con base principalmente en mi experiencia. Está cimentado en mi misión de vida, única y personal, y explota lo mejor de mis recursos y experiencia personales para poder servir a los demás. No conozco a ningún otro entrenador que maneje éste tema como yo lo hago, mucho menos que pueda dar mi entrenamiento. Hay otros entrenadores que posiblemente intenten copiar Encuentro con la Sombra en el futuro. Recuerda que lo diseñé y lo creé a mi medida para poder impartirlo yo, y los resultados que entrego constan que funciona y que los participantes se gradúan en excelencia y con un mayor conocimiento de sí mismos. Cuidado con las imitaciones y los "coaches" y las "empresas" de transformación o de otro tipo que te lo lleguen a ofrecer. En caso de que tengas dudas, pregúntame a mi, la fuente del entrenamiento, y no asumas como verdad lo que puedas llegar a escuchar. Puede ser muy peligrosa la sombra si la intentas manejar con la persona inadecuada, e incluso puedes poner tu integridad tanto mental como física en peligro si vas con alguien que no tiene la experiencia suficiente para llevarte de la manera apropiada, amorosa y contenida hacia tu conocimiento interior.

Capítulo 8 ¿Cuál es el Poder de tu Sombra?

El lado oscuro tiene muchos poderes. De hecho muchos más que tu ego luminoso.

Recuerda siempre que no tiene nada de "malo" conocer tu lado oscuro. Lo que sí es determinante en tu vida es la diferencia entre regular tu lado oscuro, y que tu lado oscuro te domine, y ésa es tan grande como el Cielo y la Tierra.

La sombra te puede dar el poder de ser incorruptible. No importa en qué "barril podrido" seas colocado por las circunstancias de la vida, no habrá poder humano que te pueda chantejear, manipular, corromper o hacer infeliz, porque ya habrás conocido todas las partes de ti y aprendido a manejarlas. Habrás recuperado tus proyecciones y no permitirás que te manipulen. Habráss recuperado el poder que otros tenían sobre ti, y por lo tanto será imposible que te hagan sentir de una manera diferente a como tú decides sentirte.

Otra gran utilidad de la sombra es que podrás acceder a una parte diferente de tu propia conciencia. Es mucho más grande la parte de ti que no conoces que la que sí. Asimismo, es mucho mayor el contenido de lo que no conoces de ti y el universo, que lo que sí conoces. Entonces ¿por qué buscar una respuesta en el área que ya conoces? La gente ordinaria hace eso: dice que ya sabe y se limita a la triste respuesta que encuentra en su ego. O un entrenador o coach ordinario le apoya a encontrar las respuestas que ya conoce. Un guía espiritual o un consultor espiritual de aventura te apoyará a encontrar respuestas de otro calibre, porque te guiará por la parte oscura del Ser, y accesarás respuestas de la no-mente, de la parte de ti que no conoces, donde yace un potencial muchísimo mayor que el de tu mente consciente, y encontrarás epifanías, respuestas extraordinarias y soluciones que, por lógica, parecería imposible encontrar. El tener acceso a ese calibre de respuestas en problemas reales de tu vida personal es sumamente práctico y poderoso. Evitas perder el tiempo en buscar soluciones o pelearte con problemas y aprendes a solucionar las cosas rápidamente y a fluir feliz en la vida. Precisamente porque la sombra es lo desconocido, salirte de lo conocido y entrar en ella te permite tener acceso a poderes, inteligencia y capacidades que otras personas ni siquiera imaginan que existen.

Otro de los poderes que encontrarás en tu sombra es la capacidad de ser un ser humano completo e integrado. Cuando asumes como propia tu femineidad o masculinidad, cuando te permites ser fuerte o ser sensible, cuando, en lugar de hacer a un lado ciertas cualidades que reprimías, las abrazas e integras en tu imagen global personal, alcanzas la totalidad. Eso otorga un poder extraordinario, pues no solamente dispones de más inteligencia y energía que las demás personas, sino que además avanzas en el camino de la individuación. El saberte tú mismo, el tener paz interior y la certeza de poder hacer lo que vienes a hacer al mundo otorga un poder divino y que muchos buscan sin encontrar jamás. Para ésto se requiere integrar a tu sombra y el proceso de integración de la Sombra comprende dos etapas. La primera consiste en agrupar los aspectos disociados de la psique. La segunda en amalgamarlos y coordinarlos. Pero para eso primero se requiere conciencia de ésos aspectos. Encuentro con la Sombra es eso: un encuentro con los aspectos disociados de la psique. Conociéndolos es posible agruparlos, y una vez agrupados, se pueden fusionar en una integración total. Ésto te permite avanzar en el proceso de individuación: convertirte en lo que, desde un principio, estabas destinado a convertirte. Permitirte encontrar quién eres y ser tú mismo, auténticamente, de corazón y sin represiones ni arrepentimientos.

Asimismo, puedes aprender cosas importantes y prácticas, como la manera en que te autosaboteas. Te citaré los pasos que, al entrar en mi sombra personal, he descubierto que son el origen de mi propia manera de sabotearme:

• Tengo una reacción emocional fuerte.

- Podría soltarla, pero elijo engancharme y me pongo a discutir para tener la razón, o adopto una postura manipuladora para hacer sentir mal a otra persona.

- A continuación podría perdonarme, pero me juzgo a mi mismo muy duramente o juzgo a la otra persona, creando división, sea entre la persona y yo o en mi propio interior.

- En lugar de cambiar de pensamientos, sigo el hilo de los anteriores y termino con pensamientos terribles de autocrítica y recriminación propios, como "soy malo", o "no merezco", o "nunca debí de haber nacido" o "¿para qué seguir viviendo?".

- Y si no suelto esas emociones y las manejo, a veces llega el impulso de la autodestrucción. Ése se manifiesta en dejar de comer, o comer en exceso, en destruír cosas o romperlas, o lastimarme o automutilarme o golpearme.

Lo anterior es un ejemplo, mi caso, de la manera en que alguien se autosabotea. Las emociones que mencioné pueden manejarse escribiendo cartas o haciendo ejercicio o cualquier otra actividad donde puedas canalizar tus emociones destructivas que tienes a flor de piel. Si no las manejas, puedes tener consecuencias serias a nivel físico.

Finalmente también es importante que sepas que cuando recuperas la energía que perdías al reprimir ciertas partes de ti, éso te permite moverte hacia tus objetivos con una velocidad y determinación con la que antes no contabas. De cómo recuperar ésa energía y por

qué da resultados tan sorprendentes lo leerás
en otro capítulo con todo detalle.

Capítulo 9 ¿Cómo Puedes Usar ése Poder?

Siendo responsable de él. Te daré un ejemplo de cómo, desde la sombra, las mujeres les dieron su poder a los hombres y cómo en la actualidad lo están recuperando.

El error de la Revolución Femenina fue que las mujeres pensaron que los hombres teníamos su poder. Y cuando llegaron a pedirlo de regreso, les dijimos: "Pues elige: o eres femenina, o eres poderosa (como yo)". Y ellas dijeron "pues bueno", y quemaron sus sostenes. ¿Por qué habría una mujer de imitar al hombre al buscar su propio poder? Ahora, después de vestirse como hombres, negociar como hombres, y hacer las cosas como los hombres y perder su femineidad, se dieron cuenta de que, ni teníamos su poder en primer lugar, ni tenían por qué dejar de ser una cosa para ser la otra. El reto de la mujer actual es ser Femenina, Poderosa y Exitosa. Quienes lo logran, se convierten en una inspiración para otras.

Otra manera de recuperar y emplear responsablemente tu poder es iluminando ésas partes de la sombra que utilizan otras personas para manipularte. Tú caes en sus garras y les das todo tu poder. Quien te manipula utiliza su ego negativo para hacerlo, y ése se cree más poderoso cada vez, y muchos de ésos egos negativos están disfrazados de "maestros espirituales". Tristemente, operan desde el miedo y no desde el amor, y sus egos negativos intentan tener la verdad absoluta y negar toda capacidad de tener criterio de tu parte. Con el hecho de tener criterio, y cuestionar (recuerda, nunca juzgar) a otras personas, incluidas los "maestros" que no son maestros, recuperas tu poder de la sombra, porque ésas capacidades estaban ocultas, y las manipulaciones que otros hacían por medio de ellas también.

Te voy a citar un texto que copian y pegan por temporadas en diferentes blogs, páginas de FaceBook, y sitios de "crecimiento espiritual", y luego te invito a que lo analicemos juntos para que veas cuánta manipulación hay en él, y cómo se "engancha" con tu sombra, para que les creas, y luego les sigas y finalmente les sirvas, cuando ése poder que yace en tu sombra es tuyo para que lo recuperes y lo emplees como mejor creas tú que te funcione para tu propio crecimiento.

"En la INDIA se enseñan las 'Cuatro Leyes de la Espiritualidad' La primera dice: 'La persona que llega es la persona correcta', es decir que nadie llega a nuestras vidas por casualidad, todas las personas que nos rodean, que interactúan con nosotros, están allí por algo, para hacernos aprender y avanzar en cada situación. La segunda ley dice: 'Lo que sucede es la única cosa que podía haber sucedido'. Nada, pero nada, absolutamente nada de lo que nos sucede en nuestras vidas podría haber sido de otra manera. Ni siquiera el detalle más insignificante. No existe el: 'si hubiera hecho tal cosa hubiera sucedido tal otra...'. No. Lo que pasó fue lo único que pudo haber pasado, y tuvo que haber sido así para que aprendamos esa lección y sigamos adelante. Todas y cada una de las situaciones que nos suceden en nuestras vidas son perfectas, aunque nuestra mente y nuestro ego se resistan y no quieran aceptarlo. La tercera dice: 'En cualquier momento que comience es el momento correcto'. Todo comienza en el momento indicado, ni antes, ni después. Cuando estamos preparados para que algo nuevo empiece en nuestras vidas, es allí cuando comenzará. Y la cuarta y última: 'Cuando algo termina, termina'. Simplemente así. Si algo terminó en nuestras vidas, es para nuestra evolución, por lo tanto es mejor dejarlo, seguir adelante y avanzar ya enriquecidos con esa experiencia. Creo que no es casual que estén leyendo esto, si este texto llegó a nuestras vidas hoy; es porque estamos preparados para entender que ningún copo de nieve cae alguna vez en el lugar equivocado! Claves para la Ascensión."

El sitio web de donde saqué ésta información:
https://www.facebook.com/Claves.para.la.Ascen sion?v=wall

Mi respuesta, que copio y pego, es:

Estoy de acuerdo con la primera ley, pero la segunda hace víctima a TODO EL MUNDO. TODO depende de TI no de que "algo" o "alguien" te "mande" las situaciones. ÚNICAMENTE TÚ atraes las situaciones a la vida, o de lo contrario NO tienes una responsabilidad del 100% sobre tu vida. Las masacres, las violaciones y todo lo que sucede con violencia NO ERAN NI SON LA ÚNICA ALTERNATIVA NI LO ÚNICO QUE PODRÍA HABER PASADO. Siempre podemos escoger y siempre podemos elegir ALGO DISTINTO. La segunda "ley" únicamente aplica CUANDO NO ELIGES. Si no puedes elegir, entonces NO IMPORTA QUÉ HAGAS, Y POR LO TANTO NO VALE LA PENA INCREMENTAR TU CONCIENCIA. ¿Para qué, si todo ya "está arreglado"? Ésa es la base del problema de la inconciencia. Creer que no hay que hacer nada, porque tarde o temprano todo se solucionará solito. Y es una "ley espiritual". ¡Válgame! Sobre la tercera, por algo hay estaciones y ciclos. Si nos creemos más inteligentes que la Naturaleza y sus ciclos y estaciones, no funcionará la vida. Es muy complicado sembrar en invierno, pues NO ES el momento adecuado para sembrar. NO a cualquier persona la puedes besar en la primera cita. Y si no sabes cuándo es el momento indicado, perderás oportunidades enormes, simplemente por querer creerte superior a los ciclos que existen y que son parte de las Leyes Universales. Y sobre la cuarta, solamente termina algo cuando se hace un cierre adecuado. No termina mientras no tenemos conciencia de la lección aprendida; de lo contrario, el patrón será repetido una y otra vez, y nada de que "terminó". La espiritualidad se trata de crear conciencia, no de dormirla. Cuando mantienes un patrón en la sombra, en el inconsciente, lo repetirás durante toda tu vida, aún si dejas la situación o persona... pues atraerás a otra igual o peor y seguirás repitiendo el mismo patrón. Por eso, a pesar de la apariencia de que algo "termina", no termina realmente hasta que cobras conciencia del patrón y aprendes cómo manejarlo y sustituirlo por algo que sí te sea funcional a nivel personal.

Como has podido apreciar, el conocer tu sombra te permite tener un mayor criterio para escoger qué información usar para tu propio crecimiento personal, además de que te apoya a no ser manipulado por los medios publicitarios, por otras personas y por "maestros", gente "ascendida" o que "busca la ascención" o instituciones que lo único que desean es tomar tu poder. Si realmente te compras la idea de que todo está perfecto caerás en la inercia. Si te dicen que todo lo que pasa es lo único que podría haber pasado y te hacen daño o abusan de ti, te dirán que "te estaban poniendo a prueba" o "es lo único que podría haber pasado y por lo tanto es bronca del universo, no de ellos". Al igual que el "karma" que, opino yo, no una ley universal, éstas leyes espirituales son un cuento hindú para calmar a las masas y, como tal, es tu elección creerlas o no; es importante que recuperes tu poder personal y no lo dejes en manos de otros, y éso lo logras a través de conocer a tu sombra, trabajarla y así también poder apreciar más fácilmente la sombra de otros y su potencial destructivo.

Otra manera de usar tu poder es eligiendo ver positivamente al mundo, en lugar de permitir que la televisión, los medios y los estatutos sociales controlen a las masas y, de paso, a tu mente, a través de tu sombra. TÚ creas tu realidad, no el presidente, ni los narcotraficantes, ni la sociedad, ni quien pregona un apocalipsis. Mientras no elijas recuperar el poder, y volver a soñar y convertir ése sueño o Sueño en realidad, no formarás parte de la solución, sino del problema. Y entonces ¿dónde está tu conciencia?

Participé hace varios años como El Quijote y Miguel de Cervantes en la obra que organizó el Tec de Monterrey Campus Colima, donde estudié mi carrera. En la obra había un debate entre Miguel de Cervantes y otro personaje, "El Duque", ambos presos en la cárcel de la Inquisición. El diálogo iba más o menos así:

Miguel de Cervantes: "¿Podría descansar un momento?"

Duque: "Ése lugar, La Mancha, ¿Cómo es?"

Otro preso: "Me imagino un lugar yermo y sin vida."

El Duque: "Sí, donde aparentemente brotan los lunáticos."

Miguel: "Yo diría más bien, hombres con ilusiones."

El Duque: "Lo mismo. ¿Por qué ustedes los poetas se fascinan tanto con los dementes?"

Miguel: "Supongo que tenemos mucho en común."

El Duque: "Ambos le voltean las espaldas a la vida."

Miguel: "Ambos tomamos de la vida lo que nos agrada."

El Duque: "Un hombre debería ver la vida tal cual es."

Miguel: "Durante toda mi vida he visto la vida tal cual es. Pena. Miseria. Hambre. Crueldad más allá de lo imaginable. He visto a mis camaradas morir en batalla y caer en mis brazos cuando exhalaban su último suspiro. Ésos fueron hombre que vieron la vida tal cual es, y murieron llorando y preguntándose '¿por qué?', pero no '¿por qué habían muerto?', sino '¿por qué habían vivido?'. Cuando la vida misma parece una locura, ¿quién puede reconocerla? Tal vez creer en los sueños sea una locura, tener ilusiones sea de lunáticos, o sea de locos ver tesoros donde sólo existe basura. Pero mucha cordura también puede ser locura. Y la peor de todas las locuras es ver la vida tal cual es... Y NO TAL Y COMO DEBIERA SER."

Y así, en "El Hombre de la Mancha", de Dale Wasserman, Miguel de Cervantes dice que todo es relativo. Y que tú eliges en dónde enfocarte en la realidad. ¿Eliges ver tesoros donde sólo existe basura? ¿Eliges ver la vida tal cual es, o tal y como debiera ser? ¿Tienes un Sueño? ¿Estás haciendo algo para volverlo realidad? Es importante saber que un enorme poder de tu sombra luminosa es el que puedas llevar a cabo una misión de vida exclusiva de ti, y que nadie más puede llevar a cabo y cuyo impacto podría beneficiar a muchas otras personas. Sigue a tu Sueño y hazlo realidad, y si no sabes cuál es, busca en el fondo de tu corazón, o vive un entrenamiento donde se te guíe para que encuentres tu misión de vida.

Al igual que todo en la vida, las cosas sencillamente SON. Así, sin juicios. Tú naciste con ciertas cualidades y dones y así eres. Y también naciste con todos los pares de complementos emocionales, de los cuáles hablaremos después, como amor y odio, valentía y miedo, avaricia y desprendimiento, etc. Ésas cualidades no son ni "buenas" ni "malas": simplemente SON. Y al igual que cualquier herramienta, depende de quién la use y para qué. Una pistola en manos de un hombre dispuesto a defender su familia puede emplearse de manera adecuada, mientras que la misma pistola en manos de un narcotraficante seguramente no. La pistola es neutra: es solamente una herramienta. Igual que tus cualidades depende de ti para qué las usas y cómo las empleas.

A continuación te explicaré más sobre los juicios y su total falta de funcionalidad.

Capítulo 10 ¿Cuál es la Diferencia entre Juzgar y Discernir?

Los juicios son apreciaciones subjetivas que solamente sirven para asegurarte de tener la razón. Tener la razón es algo a lo que muchas personas son adictas. Eso refuerza su ego o ego negativo y les da una falsa sensación de seguridad. Es falsa precisamente porque se basa en juicios, no en hechos.

Te voy a poner un ejemplo muy poderoso sobre un Ser, al que normalmente llamas Dios, y cómo Él no enjuicia nunca. Hay quien sostiene que Él enjuiciará y mandará o actualmente manda ya a todos los homosexuales al infierno, porque ser homosexual es "malo".

No tiene nada de "malo" ser homosexual. "Bueno" o "malo" son solamente juicios y divisiones en la mente de los hombres. De hecho, hay razones más que válidas para ser gay. Ya sea que seas homosexual o no, te ofrezco mi punto de vista. Para mi, Dios ES amor y luz. Y nada más. Si estás de acuerdo en esa aseveración, podremos avanzar en la destrucción de tus propios juicios. Si estamos hechos a Su imagen y semejanza, Dios nos ve como chispitas de amor y luz. Cuando Dios ve a dos chispitas acercarse y comenzar a brillar más, para Dios ESO ES AMOR. No toma forma física y baja al cuarto y levanta las sábanas para ver los sexos, edades, colores de piel y demás de las personas involucradas. No es posible que 6 de 7 religiones condenen la homosexualidad y digan que hablan en nombre de Dios; es absurdo. Finalmente, algunos homosexuales y algunas lesbianas antes de venir a la vida, le preguntaron a Dios ¿cómo puedo servirte mejor? Y les dijo: "Si en serio te la quieres jugar, ve con una preferencia sexual distinta. Así, podrás, aunque te cueste, abrir los ojos de tus hermanos." Así que no solamente hay razones válidas para venir a la vida siendo homosexual. Algunas razones pueden ser DIVINAS. Recuerda que el Único que podría juzgar... ¡No lo hace! Si tu objetivo en la vida es crecer, y por lo tanto, elegir parecerte más a Alguien Superior, te sugiero fuertemente que sigas Su ejemplo... y evites juzgar por completo.

Todos sabemos, en el fondo de nuestro corazón, lo que se vale y lo que no. Y los homosexuales saben perfectamente dentro de tu corazón que la discriminación NO SE VALE. No es que sea "mala", porque para algunos retrógrados hasta es "buena". Lo natural es que la gente SE AME. Todos tenemos esencia masculina y femenina en nuestro interior y nuestra preferencia por cualquiera es libre.

Los conceptos del "bien" y del "mal" también son juicios y, como tales, solamente te separan de tu propia experiencia y de otros seres humanos. Tristemente muchos seres humanos buscan la "verdad absoluta" y tratan de asegurarse de tenerla a través de algo que pretende ser noble, como una religión. Y de esa manera se aseguran de estar "bien" y de que todos los demás están "mal". Un musulmán fanático está haciendo el "bien" cuando explota su cuerpo y los de muchas personas más al activar una bomba atada a su pecho. Y se supone que va a su paraíso. Ciertamente otros podrían decir que está haciendo el "mal" pero él piensa exactamente lo contrario. Y por supuesto, todos tienen "la razón" y, al mismo tiempo, nadie. Precisamente porque son conceptos totalmente relativos, no hay manera de establecer, de manera absoluta, lo que está "bien" y lo que está "mal".

Para apoyar a aclararte, te voy a contar el cuento del "bien" y del "mal".

Había una vez un pueblo pequeño, de agricultores, asentado en un valle fértil y verde. En la lomita de las afueras del pueblo, formando parte de él, pero lo más apartado que podía estar del mismo, vivía un anciano sabio con su nieto adolescente. Los padres del chico habían muerto, y el abuelo y el nieto vivían juntos desde hacía años en una casa pequeña y humilde, pero con un enorme corral, donde retozaba felizmente un caballo. El anciano rentaba el caballo a los habitantes del pueblo, quienes lo usaban para arar el campo, y a cambio le daban parte de sus cosechas, un poco de dinero, y con eso nieto y abuelo obtenían todo lo que requerían para sobrevivir. El anciano sabio no gustaba de mezclarse con la demás gente del pueblo, pues invertían su tiempo en hacer chismes de los demás, y en juzgarse constantemente unos a otros, pues pueblo chico, infierno grande, y constantemente atacaban a sus vecinos y demás habitantes del pueblo con sus críticas ofensivas y totalmente basadas en el juicio. Un día, el adolescente atolondrado fue solo al corral, abrió la verja, el caballo corrió... y se escapó. No tenía brida ni silla y el chico no alcanzó a sujetarlo de las crines, así que se quedaron sin caballo. La gente del pueblo vio correr al equino en libertad, y corrieron el chisme, y entre todos fueron a darle sus condolencias al anciano. Subieron la lomita y tocaron la puerta de la casa, y comenzaron a decir sus lamentaciones.

"¡Qué terrible, qué malo, qué desgracia! ¿Qué va a hacer sin su único medio de manutención, señor? ¡Ésto es malísimo! ¡No sabe cuánto lo sentimos"

Y el anciano sabio, sin perder su calma, miró a la gente del pueblo y sonriéndoles, les dijo: "Gracias, amigos del pueblo. Yo no sé si es 'bueno' o 'malo'. Yo solamente sé que se perdió mi caballo, eso es todo."

"¿Pero qué no puede ver que es malo? ¿Cómo van a sobrevivir? ¿No ve lo terrible que es que haya perdido a su caballo?"

Y el anciano respondió: "Yo no sé si es 'bueno' o si es 'malo'. Yo solamente sé lo que es la verdad, los hechos. Es un hecho que perdí a mi caballo. Eso es todo lo que sé."

"Viejo inútil, cerrado, baboso. ¡Con lo fácil que es distinguir el bien del mal! ¿Cómo puede ser tan ciego? ¡Seguramente ya está senil! ¡Vámonos!" Y la gente del pueblo se alejó, sin dejar de juzgarlo, y juzgando como malo el evento del caballo perdido.

A los tres días, el caballo regresó. Cabalgó hasta su corral enorme, cuya verja se encontraba abierta, y se metió. Pero no regresó solo; al ir a las praderas, se encontró con varios caballos salvajes, que lo reconocieron como un macho alfa, y cuando él cabalgó lo comenzaron a seguir. Y cuando se metió de regreso a su corral, otros diez lo siguieron y al salir el anciano y su nieto y cerrar la verja del corral, había once caballos adentro, algo que nunca hubiera sucedido si no se hubiera escapado el caballo, un evento que los habitantes del pueblo habían juzgado como "malo". Y la gente del pueblo escuchó los relinchos de los caballos y comenzaron a murmurar y se juntaron y fueron a darle sus felicitaciones al anciano.

"¡Señor! ¡Qué bueno! ¡Ha de ser un milagro! ¡Es magnífico que ahora tenga tantos caballos! ¡Esto es buenísimo!"

Y el anciano sabio, sonriendo, con calma les respondió: "Gracias, amigos del pueblo. Yo no sé si es 'bueno' o si es 'malo'. Yo solamente sé que regresó mi caballo junto con otros diez. Eso es todo."

"Pero ¿qué no puede ver que eso es bueno? ¡Los puede rentar, vender, se los puede comer, puede hacer con ellos lo que quiera! ¡Eso es bueno!"

"Yo solamente sé los hechos. Solamente sé que regresó mi caballo con otros más. Yo no puedo saber si es 'bueno' o 'malo'."

"¡Viejo cerrado, desagradecido, todavía que Dios le manda más caballos y él se comporta así! ¡Vámonos, porque el viejo ni siquiera sabe distinguir algo tan elemental como el bien y el mal y lo que es obra de Dios y el trabajo del Diablo!" Y se alejaron, murmurando sus juicios sobre el anciano y el hecho de los caballos.

Al día siguiente, el adolescente comenzó a domar al primer caballo salvaje. Éste se encabritó, aventando al joven por los aires. Y el chico cayó chueco, rompiéndose una pierna, algo que nunca hubiera sucedido si no hubieran llegado los otros diez caballos, un evento que los habitantes del pueblo habían juzgado como "bueno". El anciano pidió apoyo al sanador del pueblo, y éste subió, acompañado del resto de los habitantes, y mientras entablillaba al joven, el resto del pueblo comenzó a enjuiciar el hecho.

"¡Pero que malo, qué terrible, qué desgracia! ¿Cómo puede ser que su nieto se haya roto la pierna! ¡Ha de ser obra del Diablo! ¡O un castigo de Dios! ¿Qué va a hacer? ¿Cómo lo va a mantener? ¡Es terrible que tenga un mes de inútil a su nieto en cama con la pierna rota! ¿De qué le va a servir tirado todo el día? ¿Cómo van a sobrevivir? ¡Ésto es malísimo!"

Y el anciano, sonriendo y con calma, les contestó: "Gracias, amigos del pueblo. Yo no sé si es 'bueno' o si es 'malo'. Solamente sé que mi nieto se rompió una pierna tratando de domar a un caballo. Es lo único que sé."

"Pero ¿qué no puede ver que es malo que esté ahí tirado el inútil sin poder hacer nada? ¡Eso es malo, es malísimo!"

"Yo solamente sé que mi nieto se rompió una pierna. Es lo único que sé. Los hechos."

"¡Viejo ciego, cerrado, que no puede distinguir algo tan fácil como el bien y el mal! ¡Vámonos!"

A los dos días, pasó el Ejército Zapatista de Liberación Nacional, reclutando jóvenes a punta de pistola. Y se llevaron a todos los hombres y jóvenes del pueblo... excepto al que tenía la pierna rota, porque no les servía para nada... Y se fueron. Al rato llegaron todos los ancianos y las mujeres del pueblo con el anciano para felicitarlo.

"Señor, ¡qué bueno que a su nieto no se lo llevaron!"

Y ¿qué creen que les contestó el anciano?

La reflexión de éste cuento es que no existen ni el "bien" ni el "mal". Los humanos somos demasiado insignificantes para saber dónde va a terminar una cadena de acontecimientos que, además, son neutros. Si me encuentro informado correctamente, el Único que podría juzgar... aún no lo hace. ¿A qué juegas cuando juzgas? ¿A ser mejor que Dios? ¿A tener la verdad absoluta? ¿Para qué juzgas? El "bien" y el "mal" son separaciones en la mente de las personas, y no existen. Son solamente juicios. Así que pretender que tenemos la capacidad para juzgar, francamente se me hace presuntuoso. Pero es mi opinión personal. Juzgar es totalmente inútil y te limita terriblemente, y éso sí es un hecho. Lo que también puedes hacer es discernir, y eso no es juzgar; es darte cuenta de. Puedes discernir es si algo te funciona o no, aquí y ahora. Así de sencillo. Evita juzgar y juzgarte. Evalúa las situaciones con hechos, no con juicios. Y basándote en hechos, acciona y crea un impacto en tu mundo, en lugar de reaccionar y crear un basurero en ti y a tu alrededor. Puedes elegir ser una persona lo suficientemente inteligente y creativa como para estar reaccionando a merced de los estímulos del exterior. Crea por ti mismo el mundo que quieres para ti y los que te rodean; puedes crear un mundo de armonía, de amor, de libertad y de elección si así lo decides.

Lo que también es un hecho es que todo lo que creas proviene de una de dos fuentes. Desde el amor, o desde el miedo. Nada más. Y que te funciona, o no. Nada más. Dicho ésto, yo te sugiero que evites enjuiciar, pero te invito a discernir. Discernir es ver los hechos tal y como son, sin un enganche emocional y sin juicios. Que un musulmán fanático se suicide matando a varias personas de paso proviene desde el miedo. Un acto así no puede provenir desde el amor aún si él cree que se va al paraíso, ganaría él y perderían todos los demás. Por eso solamente puede provenir del miedo, y eso es un hecho, no un juicio.

Los hechos son objetivos. Los juicios son apreciaciones personales que pueden basarse en hechos sin ser ésto último. Son interpretaciones que, por lo general, sirven para que una persona se sienta con la autoridad de hacer sentir mal a alguien, incluyéndose a sí misma (quien emite el juicio). En mi opinión no funciona que te la pases haciendo juicios de tu persona; ¿cómo vas a crecer si te la pasas haciéndote menos? ¿Cómo pretendes crecer si, en lugar de empoderarte y hacerte sentir a gusto, te limitas y criticas hasta quedar disgustado contigo mismo? Francamente no creo que te funcione. Además no importa qué tanto te enjuicies, no podrás cambiar el pasado, ni tampoco hacer sentir mejor a nadie... y mucho menos a ti. Las opiniones pueden funcionar cuando se basan en hechos y provienen del amor. Pero los juicios únicamente provienen desde el miedo y no tienen funcionalidad. Sí pueden servirte para hacerte sentir mal a ti o a alguien más, algo que proviene totalmente desde el miedo y del ego negativo, pero esa clase de manipulación no te servirá para crear algo útil o incrementar tu nivel de conciencia. Finalmente, el que tú emitas un juicio de otra persona no la convierte en lo que dices que es: te convierte a ti en una persona juiciosa. Nada más. Ese es el único resultado que verás, además de alejar a esa y otras personas en tu vida. No te sirve de nada; solamente gana tu ego negativo, cuya función es destruirte. Sí, así: destruirte. Muchas personas ponen su vida en manos de su ego negativo y sus resultados son desastrosos y en el próximo capítulo hablaremos de eso y de qué puedes hacer al respecto.

Capítulo 11 ¿Qué es el Ego Negativo?

Tu ego negativo es la suma de tus tendencias autodestructivas; eso lo convierte en tu enemigo. Al no darte cuenta de las maneras en que te estás autodestruyendo, el ego negativo formará parte de tu sombra hasta que seas consciente de él. En la Sombra encuentras partes de ti con las que estás peleado, pero que son tan legítimas como las que sí te gustan de ti y reconciliándolas puedes alcanzar la paz interior. Sin embargo, tu ego negativo no es ni era parte de ti. No naciste con él, a diferencia de otros fragmentos de tu persona. Es una creación artificial de tu mente y como tal necesita sobrevivir, como un parásito, llamando tu atención y quitándote de esa manera tu energía. Ciertamente, queda destruido junto contigo al lograr su objetivo, pero eso no le importa. Tú ego negativo es muy tonto por eso y por otras razones... eso no lo hace menos peligroso. Si entregas tus ganas de crecer a tu ego negativo te encontrarás en grandes dificultades. Yo te daré las herramientas que te permitirán verlo y traerlo a la conciencia para iluminar esa parte de tu sombra, pero depende de ti que aprendas a identificarlo y a manejarlo para evitar darle atención y energía hasta que sea totalmente destruido. Tu ego, siempre y cuándo esté domado y te alinee con tu Ser, esto es, te motive a Ser las cualidades de tu Ser, te funciona. Fíjate bien en qué momento te habla desde el miedo y se vuelve un ego negativo para que lo pongas en su lugar y le quites su poder sobre ti. El Ego Negativo nunca te entrega amor ni resultados; al contrario, drena tu energía y atención al sabotearte y motivándote a juzgarte después y sentirte peor tras eso. Solamente hace un enorme desperdicio de energía que podrías aprovechar en crecer y crear, pero no es el único desperdicio de energía que haces. La energía es la fuente de la vida, y dependiendo del nivel que tengas podrás vibrar y vivir cada día en mayor armonía y con más amor y sabiduría y poder. Pero darle atención a algo es darle tu vida y energía y poder a algo. ¿Cuántas veces le das atención al pasado que esclaviza o al futuro que te inmoviliza? ¿Cuántas más se lo das a otras personas? ¿Y cuántas otras la pierdes en batallas internas con otras partes genuinas de ti? De eso vamos a platicar en el siguiente capítulo. De cómo te haces la guerra a ti mismo.

Para terminar el capítulo, te contaré que todo ego negativo tiene una fantasía negativa. Es una fantasía adolescente donde elige llamar la atención de la manera más extrema posible, y donde terminas en la autodestrucción o al borde de la misma. Para darte un ejemplo, te platicaré cuál era la fantasía negativa de mi ego negativo.

Ésta fantasía la tuve durante mi período adolescente y me duró una década mientras salía de mi segundo viaje por la sombra. En ella yo llegaba a mi escuela (el CBTis, la UNAM o el Tec de Monterrey, en su caso) y en la explanada principal había una pandilla de maleantes que tenían sujeta a una chica, incapaz de defenderse y, obviamente, el único estudiante valiente que tenía las agallas para hacer algo era yo. El o los policías de la escuela yacían golpeados y sangrantes en el piso, y yo llegaba a frenar a los pandilleros con mis supremas habilidades marciales. Irrumpía en la escena, los paralizaba de un grito y, usando un mantra, los mantenía asustados mientras arrastraba al policía fuera de peligro, y regresaba a negociar con ellos, dándoles la oportunidad de irse ilesos o de enfrentarse a mi. Obviamente se reían, y yo le decía a la chica que tuviera calma, que enseguida iría por ella. Me enfrentaba primero a un mastodonte, a quien dejaba inconsciente en el suelo rápidamente. Después noqueaba a un tipo armado con palos y cadena. El jefe, quien tenía cuchillo en mano y lo colocaba en la garganta de la muchacha, decía que me atacaran en bola, y yo me reía. Los cuatro maleantes me rodeaban pero incapacitaba a todos y me confiaba. Escuchando los gritos de angustia de la muchedumbre volteaba justamente para recibir un impacto en el abdomen del mastodonte, volando yo por los aires y aterrizando sobre mi espalda, golpeándome la cabeza y fingiendo perder la consciencia. En ese instante el otro chavo del palo y la cadena sacaba una navaja, se aventaba como tigre sobre mi, pero yo lo frenaba cruzando brazos y piernas, lo aventaba en el aire, y me levantaba del suelo como si hubiera tenido resortes debajo de mi. Volvía a noquear a ese tipo cuando caía en el suelo, y le daba una última golpiza definitiva al mastodonte, quien caía. Amenazaba al jefe y le decía que se encontraba solo y que soltara a la chica. Él lo hacía pero sacaba una pistola y me apuntaba. Yo, con toda la sangre fría, lo veía a los ojos y le decía que tenía hasta cinco para matarme y que si no lo hacía, iría por él. Mientras cuento, él disparaba en mi dirección, pero por el miedo, no atinaba una sola bala. Iba avanzando hacia él, y la última bala que tenía la pistola me pegaba en el pecho. Caía con una rodilla en el suelo, pero levantaba mi cara, miraba a la gente y a la chica que aún podían estar en peligro, y lo volteaba a ver con él. Del fondo de mi voluntad surgía la fuerza y me levantaba, lentamente, y caminaba hacia él, como lo hacía en esos tiempos, como un robot, y llegaba hasta donde estaba, le rompía el brazo, lo dejaba inconsciente, y me volteaba hacia la chica. Diciendo que lo único que importa es que ella está bien, finalmente caigía, agonizando, al suelo, y moría.

Ese es un claro ejemplo de la fantasía negativa de un ego negativo. El ego negativo tiene que creerse superior a los demás, aunque sea de manera secreta. Tiene que demostrar su ardiente deseo de ser "mejor qué" los demás, y además lograrlo, de ser posible, destruyéndote de paso. ¿Qué mejor idea para el ego negativo, que ser un mártir? Así, llama de manera extrema la atención de los demás, logra hacerse "el héroe", y termina logrando su única verdadera misión: destruirte. Pero como te vende la idea de ser un héroe o un mártir aunque sea después de tu muerte, y de disfrutar de la destrucción, sea de otros, o de ti o de todos, pues también llama poderosamente la atención de las partes de ti que aún no has manejado. Y te compras la idea y jugueteas con esa fantasía negativa. Y si la vuelves realidad, tu ego negativo sale ganando, por lo general destruyéndote a ti y de paso a los más que puede, y perdiendo la vida tú y en ocasiones, también otros seres humanos. No proviene del amor, no funciona, y yo te sugiero fuertemente que identifiques cuál es, en tu caso, la fantasía negativa de tu ego negativo para que jamás le vuelvas a prestar atención ni foco, y así que evites alimentarla para que te alejes del peligro de la autodestrucción.

Piensa en cuántas personas han vuelto realidad la fantasía negativa de su ego negativo. Reflexiona: ¿cuántas vidas se han perdido a manos de estudiantes y jóvenes aparentemente inofensivos últimamente?

Capítulo 12 ¿Te Encuentras en Guerra Contigo Mismo?

Solamente tienes un YO. Es tu YO REAL. Está más allá del "bien" o del "mal". Para poder llegar a él requieres trascender los juicios y conceptos de separación como el "bien" y el "mal".

Cuando dejes de juzgarte y de juzgar ésas partes de ti tendrás mayor oportunidad de integrarte a ti mismo y volverte realmente un individuo. ¿Cuántas veces has sentido que te juzgan o te discriminan? Más importante: ¿Cuántas veces te has juzgado tú? Y no hablo de mandar muy lejos a tu ego negativo. Hablo de las veces en que sabías que se valía sentirse de tal o cual forma o actuar de tal o cual manera y no te diste el permiso de hacerlo por lo que pudieran pensar otras personas de ti... o simplemente porque así te lo enseñaron. Cuando te reprimes y no te permites ser quien realmente eres te pierdes de muchas cosas en la vida; tu autoestima baja y tu energía e inteligencia también. Lo fundamental es que comprendas cómo llevas a cabo éste proceso en el que te haces daño a ti. Cuando juzgas o reprimes tus partes internas éstas protestan. Piénsalo: tienen tanta validez de existir y de vivir como cualquier otra parte de ti. Cuando no te permites lo anterior, te declaras la guerra y te condenas a una muerte lenta y emocionalmente dolorosa. ¿Cómo pretendes terminar con la guerra que hay en diferentes partes del mundo cuando en tu interior tú la permites y hasta la fomentas? ¿Ya pensaste en ésos "jóvenes inofensivos" que están en guerra adentro de sí mismos? Si no aprenden a manejar su sombra llega la muerte.

Siempre que reprimes a esas partes de ti haces la guerra en tu contra. Un simple ejemplo: a ti se te enseña que tu lado violento es malo. Y se te dice que nunca le des rienda suelta porque podrías perder el control, así que se te motiva a ser únicamente "bueno" y a reprimir esos impulsos y listo. Pero el día en que entres a un callejón oscuro y lleguen tres tipos con la intención de abusar de ti y matarte por placer... o sacas tu lado violento y defiendes tu vida, o mueres como idiota. Así de sencillo. Aún el maestro Gandhi decía que no luchar para defenderte no funcionaba.

Tal vez te hayan enseñado que eres Uno con el Todo. Tal vez comprendas, entonces, que cuando lastimas a una planta o un animal o una persona, en el fondo te estás lastimando a ti mismo. Pero esa moneda también tiene otra cara. Precisamente porque eres Uno con el Todo, en toda ocasión en la que tú te niegas el amor, la felicidad, la salud, el éxito, el placer, la libre expresión o lo que sea, a alguien más LE ESTÁS QUITANDO LO MISMO.

Un ejemplo: cuando yo estaba en mi adolescencia y me aferraba a estar solo y rechazaba a las chicas que se me declaraban, yo me negaba el amor. Pero también se los negaba a ellas y aunque trataba de protegerlas del dolor de alguien que sabía que podía lastimarlas (protegerlas de sufrir por perderme – puro ego negativo), terminaban lastimadas de todas maneras. Es solamente uno de muchos ejemplos en donde se puede ver claramente que todos somos Uno, y que al negarte algo se lo niegas a alguien más. Te sugiero que elijas dejar de hacerte la guerra porque en las guerras nadie gana. Nunca.

Es importante que cobres conciencia de lo siguiente: lo que reprimes adentro también lo reprimes afuera. Lo que no estás dispuesto a abrazar con amor dentro de ti tampoco lo amarás cuando lo veas en otras personas. Esto puede ocasionar separaciones terribles entre los miembros de una misma familia, entre amigos, compañías, tribus urbanas y hasta países. Despreciar lo que desconoces de ti o reprimes en ti es un camino seguro hacia los problemas interpersonales.

Capítulo 13 ¿Cómo Alcanzas la Paz Interior?

Para obtener la paz interior hay muchos métodos. Yo voy a darte el mío. Lo que requieres es amarte lo suficiente para permitirte expresar libremente las emociones que tienes en tu interior.

El detalle está en discernir cómo hacerlo desde el amor y sin que te enganches con las situaciones. Todo proviene desde el amor o desde el miedo. Amar implica, en el nivel más profundo, aceptar y amar totalmente cada parte de tu Ser. Eso es aceptar tanto tu parte luminosa como la oscura. Es más fácil aceptar las partes de ti que te gustan y agradan. Pero el mérito verdadero es que puedas igualmente aceptar tus partes que has juzgado en el pasado como débiles, indignas o "malas". Ya sabes que el "bien" y el "mal" son solamente conceptos en la mente del hombre. De hecho, son juicios y son totalmente inútiles. Aceptar todas las partes de ti es indispensable para amarte pero para ello requieres evitar todo juicio y poder entonces aceptarte totalmente desde el amor.

La pregunta es ¿por qué te enjuiciaste, para empezar?

La respuesta es intrincada. El primer factor es el ejemplo. Es común que la familia y la religión enseñen lo que es el castigo. Es natural, por tanto, seguir esos ejemplos y enjuiciarte y castigarte. Pero son ejemplos que no funcionan porque crearás una sombra cada vez más grande y que requerirá más energía para ser reprimida. Otro factor es la educación. Por lo general los maestros, compañeros y demás acompañantes en tu aprendizaje te muestran el camino de lo que es socialmente aceptable y lo que no. Como mecanismo de supervivencia adoptas los principios que la sociedad exige de ti para formar parte de ella, comenzando por tu núcleo familiar. Tristemente pocos de éstos principios fomentan que tú seas tú mismo. Otros desean para ti lo mejor pero también deciden por ti qué es lo mejor y tú adoptas pautas, comportamientos y patrones que no funcionan pero que son aceptados y promovidos por costumbre. Y eso incluye no sacar a la superficie partes de ti que tienen el mismo derecho de expresarse, de sentir y vivir como cualquier otra pero que, al no ser socialmente aceptables, sobreviven en una represión brutal. Imagínate encarcelar a tu niño o niña interior, a tu genio, a tu creatividad que raya en la locura por permitirse soñar cosas aparentemente imposibles. Y mantenerlas vivas a duras penas a pan y agua. Ahora imagina que eres tú quien, como adulto, vives así. Finalmente visualiza que es tu madre o padre, hijo o hija, a tu gente más amada a quien tienes así. ¿Te agrada? A tus partes internas tampoco.

Ahora bien ¿De qué partes internas estamos hablando? De todas aquéllas con las que naciste y que conforman tu naturaleza humana. Esta está formada de pares de complementos; naciste con amor y odio, con valentía y miedo, con inteligencia y simpleza, con desprendimiento y avaricia, con violencia y paz. Hay más pares de complementos y a todo eso es a lo que se le llama naturaleza humana. Si evitas los juicios, recordarás que esas partes no son ni "buenas" ni "malas"; simplementee son. Pero hay dos cosas que notar aquí. Primero, algunas veces te funcionarán y otras no. Segundo, eso depende de las circunstancias. Lo que te garantizo es que TODAS las partes de ti te son útiles bajo la circunstancia adecuada.

Te repito un ejemplo que utilicé anteriormente, pero explicado más a fondo. A ti no te gusta tu lado simple. No te agrada parecer bobo enfrente de otras personas y le das mucho valor a tu inteligencia y capacidad de análisis. Con esa actitud sales con una persona al cine y tu acompañante elige ver una película de comedia de las de humor simple donde los actores hacen boberías y con base en ello buscan hacer reír a la audiencia. Si no usas tu lado simple para ver la película, y te la pasas en tu lado inteligente analizando cada cosa y criticando lo ridículo de los intentos de los artistas para hacer reír al público, no solamente no la disfrutarás, sino que seguramente tu acompañante tampoco. ¿Y te funcionó? Esa es la pregunta clave y la respuesta es "no". A tu ego negativo sí, porque según él "demostró" que es mejor que los demás y de paso arruinó tu experiencia y la de quien vio la película contigo. Pero nadie mas salió ganando y como perdieron tanto tú como quien estuvo a tu lado, no hay duda de que ese comportamiento no provino del amor. Provino desde el miedo y no hay ninguna otra posibilidad. ¿Encuentras alguna razón lógica para no disfrutar de una experiencia de la vida? Y sin embargo has hecho eso mismo en más de una ocasión con varias de las diversas partes que te componen. Esto es importante así que veamos un ejemplo más profundo.

Muchas gente que "educa" juzga, porque hacerlo es más fácil que pensar y desarrollar un criterio y una opinión personal. Digamos que a ti te "educaron" enseñándote que tu lado violento es "malo" y que si lo dejabas salir libremente ibas a ser una "mala" persona y después de ésta vida ibas a pagar precios o a ser condenado por toda la eternidad. Así que tú también enjuiciaste como "malo" a tu lado violento y lo reprimiste. Es lo más que pudiste hacer porque forma parte de ti y no puedes eliminarlo, aunque hay gente muy empedernida en intentarlo. Entonces destierras de ti a esa parte y haces todo lo posible por que nunca salga a la luz y te peleas constantemente con ella y la encierras y no la dejas ser. Además de hacerte daño, te pierdes de una auténtica parte de ti que podría apoyarte con su energía e inteligencia. Pero eso no es lo peor. Lo peor es que te será difícil entrar en contacto con esa parte de ti y cuando la necesites no estará disponible de manera fácil para ti. Y durante toda tu vida requerirás de todos tus "tús" o "tucitos", bonitos o feos, "buenos" o "malos", te gusten o no. Sin llegar al extremo del ejemplo donde te encontrabas en el callejón con tres tipos dispuestos a abusar de ti y matarte: cuando en tu vida diaria requieres poner límites, estás utilizando tu lado violento. Y lo estás empleando desde el amor, puesto que estás permitiendo salir a una parte de ti que te va a defender a ti y a tus intereses. Cuando una "buena" persona permite que abusen de ella, está reprimiendo su lado violento, y es porque es más sencillo, para cualquier autoridad, controlar a la gente sumisa y por ello enseña ésos principios. Tienes derecho a sentir todas tus emociones, y más aún, a aprovecharlas y dejarlas salir cuando te aporten un beneficio personal y te funcionen.

No puedes deshacerte de ésas partes de ti porque naces con ellas y son parte de tu naturaleza. Sería como partirte en dos y esperar que una mitad de ti sobreviviera y la otra no. ¿podrías vivir con la mitad de tu cuerpo? Ambas partes morirían. No puedes vivir tu vida su estás en pedazos o intentas despedazarte de manera continua. Sería como tener un imán de barra y decidir, porque así te educaron, que el polo negativo del imán es "malo" y el positivo es "bueno" y tú quieres quedarte con la parte "buena" y nada más. Así que tomas el imán por el polo positivo y tomas una segueta para dividirlo. Para empezar, ¿dónde termina la parte positiva y donde comienza la negativa? Creo que es imposible precisarlo pero tú decides que es en medio. Así que cortas el imán a la mitad, tomas la parte que te gusta y ¿qué sucede? Que tanto la parte que te quedaste como la que descartaste tienen su polo positivo y su polo negativo. Es imposible dividir algo tan simple y elemental como eso.

Los orientales tienen el yin-yang o tao. Es un símbolo simple pero abarca una filosofía muy profunda, el Taoísmo, en donde se manejan dos energías básicas. El yin y el yang. Y cada una contiene la semilla de la otra. Hay mucho más que decir de este tema pero no es el espacio adecuado. Lo que es importante es reiterar que se trata de una energía masculina y otra femenina. Se dividen por sus características y entonces se distinguen por hechos, no por juicios. Si una energía fuera "buena" y la otra "mala" solamente habría día o noche, frío o calor, luz u oscuridad, hombres o mujeres. Nada puede existir sin su complemento en este universo. Esto está mucho más allá de los juicios de "bien o "mal". Si puedes aceptar que hay día y noche, que hay verano e invierno, que hay cielo y tierra, etc. ¿por qué no podrías aceptar que en tu interior también hay luz y oscuridad, masculino y femenino, inhalación y exhalación, violencia y paz, amor y odio, etc.? Es imposible vivir solamente exhalando, así como es imposible vivir solamente inhalando. Es parte del ciclo natural de la vida y parte normal de tu naturaleza humana.

Recuerda que lo que sí es un hecho es que hay cosas que te funcionan y otras que no. Piensa cuándo te sientes feliz y en paz contigo. Y verás que son momentos momentos en los que la mayoría de las partes internas de ti, tus "tús" o tus tucitos como les llamaremos de ahora en adelante, se encontraban contentos. En los momentos de máxima alegría y realización personal la mayoría de o todos tus tucitos se encontraban alineados y felices. Tenían paz. Y es por ello que esos momentos se vuelven inolvidables.

A diario tomas decisiones que te afectan para un período de tiempo o para toda tu vida. Y a veces te la pasas pensando seriamente sobre tus decisiones, pero éso suele ser cuando dependen de las expectativas de otras personas. Desde mi filosofía personal, decidir es muy sencillo. Solamente hay dos maneras de hacer las cosas: con amor o sin amor. Solamente hay dos tipos de personas: las que te dan energía y las que te la quitan. Solamente hay dos tipos de acciones: las que te hacen sentir mejor y las que te hacen sentir peor. Y yo elijo hacer las cosas con amor, juntarme con personas que me dan energía, y hacer cosas que me dan paz y satisfacción interior. Para mí es muy fácil decidir qué hacer, pero yo soy yo. Cada quién tiene derecho y libertad de elegir... pero es más fácil colocar esa decisión en las manos de otras personas que ser responsable por las consecuencias de ésas decisiones. Eso es igual a permanecer en tu zona de confort y también es igual a renunciar a tu poder personal y la responsabilidad propia que van de la mano.

Ahora, hay dos cosas que hacer para tener a tus tucitos en paz. La primera es buscarles una expresión creativa. El teatro es excepcionalmente poderoso para ello. Puedes hacer los papeles de los villanos, ser tan "malo" como se te antoje... y no pasa nada; solamente es una obra de teatro. Todos salen felices y en especial tus tucitos reprimidos. Nadie sale lastimado y sin embargo tú fuiste, en la obra, tan "malo" como tu papel lo esperaba de ti. Es un fabuloso respiro para tu sombra. La segunda es conciliarlos y tenerlos en paz.

La paz es lo opuesto a la guerra; ésta proviene del miedo. La paz proviene del amor. Muchos hablan de "paz" interior pero es más bien represión interior.

Yo te puedo guiar a que alcances tu paz interna. Se requiere de cierto trabajo, no porque sea difícil. Al contrario; es natural gozar de ella. El trabajo consiste en echar abajo las barreras que tú mismo has colocado entre esa paz anhelada y tú.

Hay dos cosas importantes aquí. La primera es que, si siempre te permites experimentar tus impulsos emocionales y expresarlos adecuadamente, encontrarás tu paz fácilmente. La segunda es que requieres aprender a conciliar a tus partes de ti que pelean entre sí.

Lograr lo anterior es intrincado, ya que, para lograrlo, requieres de ingenio, creatividad y tener disposición de ser totalmente responsable de ti, incluyendo las partes que no te agradan de tu interior. Pero es posible y te explicaré cómo hacerlo, y ése es uno de los secretos del éxito de mi entrenamiento.

Muchas personas intentan hacerlo pero no todas tienen éxito, incluyendo algunos terapeutas, psicólogos, y coaches. El secreto que no todos conocen es el siguiente: todas las partes de ti que están en conflicto TIENEN UNA RAÍZ COMÚN. Esto es porque FORMAN PARTE DE TI. Si te tomas el tiempo de descubrirla podrás hacer un acuerdo entre los tres (tú y las dos partes en conflicto) para alcanzar la paz.

Por ejemplo: tienes una parte de ti que desea ir a bailar sin ropa a la media noche al bosque. Tienes otra que se niega y que afirma que el ridículo es terrible y que aunque nadie te viera eso está mal y que deberías callarla. ¿Solución? Habla con tus partes. Si le preguntas a la parte de ti que desea bailar sin ropa por qué desea hacerlo, tal vez te diga "para que te sientas a gusto". Si le dices a la otra parte por qué se opone a la que desea bailar sin ropa, tal vez te diga que desea evitar las críticas externas y protegerte "para que te sientas a gusto". Lo interesante es que ambas desean lo mismo pero por medios distintos. Ofrece un acuerdo y haz una negociación hasta lograr un consenso de las tres partes. Podría ser: "Vamos a ver. No iremos al bosque en cueros a bailar pero en la seguridad de la casa podemos tener una cena íntima sin ropa después de un baño de burbujas a la luz de las velas. ¿Qué les parece?" Por lo general asienten y siempre es posible lograr una paz interior a través del diálogo y la negociación interiores.

Todo conflicto tiene solución si te interesas lo suficiente y usas tu creatividad.

Otro ejemplo de un conflicto: una parte de ti desea vivir tu máximo miedo. Otra te dice que nunca te acerques a esa experiencia. Si les preguntas por qué tal vez ambas te respondan "para protegerte". Una te dirá que serás menos sujeto a la manipulación si superas tu miedo. La otra tal vez te diga que si la gente no sabe qué es a lo que temes no te manipularán. La solución puede ser vivir una experiencia parecida simulada en un ambiente contenido y a salvo. Superas tu miedo sin correr peligro.

Siempre hay una manera.

Ahora, una reflexión importante. Cuando dos opuestos parecen irreconciliables tienen su raíz común. Enrola a partir de ahí. El chiste está en ver qué grita que requiere cada uno. Ponles nombre: odio y amor o desprendimiento y avaricia. Te aseguro que ambos, en el fondo, desean lo mismo. La cosa es ponerlos de acuerdo pero sin llegar a los extremos: poder ofrecerles el punto medio. Ponles nombre. Luego escucha sus demandas. Y busca su raíz común.

Recuerda asimismo, y ésto es muy importante, que se trata de conciliar partes genuinas de ti, no de darle gusto a tu ego negativo (que nunca ha sido realmente parte de ti, y aún si lo llevas a todos lados). Si no encuentras una raíz común, vuelve a revisarte para que te asegures de que no está tu ego negativo involucrado. Si lo está, recuerda que no hay posibilidad de darle gusto, nunca. Y que es tu verdadero enemigo, así que simplemente ignóralo y busca otro par de tucitos que sí puedas reconciliar.

Cuando en el fondo ésas partes de ti desean que crezcas, eso funciona y el resultado no te mentirá: tendrás paz interior. Cuando una de ésas dos partes no desea que crezcas, se trata de tu ego negativo.

Finalmente, te vuelvo a recomendar que hagas teatro y escojas los papeles de "malo" en las obras. Así, puedes dar un respiro y descanso a las partes de tu lado oscuro que, por lo general, reprimes o haces a un lado. No hay como actuar y disfrutar un papel de villano o antagonista en una obra de teatro, porque la sensación es increíble y... lo más maravilloso es que nadie sale lastimado en el proceso y además tu sombra respira sin causar problemas. En lo personal yo amo el teatro y la manera en que puede emplearse con fines profilácticos para manejar la sombra. Si todos actuáramos e hiciéramos toda clase de papeles al menos una vez al año nuestra sombra descansaría notablemente.

Capítulo 14 ¿Cómo te Das cuenta de que Estás

Proyectando? ¿Y cómo Recuperas tus Proyecciones?

Te das cuenta de que estás proyectando porque hay una reacción emocional. Cuando ves algo en alguien y te informa, te funciona. Cuando ése algo te afecta, no te funciona y proviene de la sombra. Es así de fácil. La práctica de éste sencillo método te permitirá darte cuenta cada vez más rápidamente de cuándo algo proviene de tu sombra o de tu conciencia.

Esto se aplica tanto para emociones contractivas como expansivas. Y ahí puedes ver también la sombra luminosa. Cuando no eliges hacerte cargo de tus propias cualidades que no te gustan, ves la sombra oscura en otros. Cuando no te haces cargo de tus cualidades que sí admiras y te gustan, proyectas la sombra luminosa. Y en todo caso, sigue siendo irresponsable de tu parte no hacerte cargo de ti mismo.

Todas las personas de tu mundo son tus espejos. Te ves reflejado o reflejada en cada una de ellas. Lo que detestas o admiras de una persona por lo general está en tu sombra. Recuerda que si te informa, te funciona; si te afecta, no. Si la razón por la que rechazas a cierta persona o grupo social está basada en tus principios morales o universales, también es válido, porque es una opinión y no hay una reacción emocional. Si rechazas a otros y al hacerlo sientes rencor, náusea, desprecio o impotencia, la razón está dentro de tu sombra y no te funciona. Requieres aprender que, en ese caso, lo que rechazas es claramente tu espejo, aquéllo que más temes u odias dentro de ti.

Lo que tal vez sea lo que menos funciona de proyectar es que tu vida será sumamente miserable. Tendrás razón o, más específicamente, tu ego negativo tendrá razón. Pero pagarás precios altos en la vida y te perderás de incontables oportunidades y tendrás poca o nula paz mental.

Para recuperar tu sombra se requiere afrontarla e integrar sus contenidos en una imagen global y completa de ti mismo. Dice Carl Jung: "El trabajo con la sombra es el proceso voluntario y consciente de asumir como propio lo que hasta ese momento habías decidido ignorar o reprimir."

Por citarte un ejemplo mío: aunque cuido mi imagen personal, igual que cualquier persona que desea proyectar éxito, a mí no me molesta ser visto desarreglado, triste o aún fuera de mi habitual paz interior. Yo no reprimo nada ni tengo una imagen que proteger ni tengo miedo a que se caiga una fachada artificial que pretenda ser mi personalidad. Persona significa "máscara" en latín. Y yo no soy una persona. Ni una "buena" persona ni una "mala" persona. Soy un individuo. Alguien que no se juzga a sí mismo ni pretende ser algo o alguien más.

Te cito directamente una parte de un texto del libro "Encuentro con la Sombra" (Editorial Kairós), un excelente compilado de diferentes autores que da una guía poderosa para trabajar con la sombra, y es uno de los varios libros, junto con mi experiencia, sobre los que baso mi entrenamiento:

"Pasos a seguir para recuperar una proyección y avanzar en el asimilamiento de tu Sombra: Practica romper hábitos, agudiza tus sentidos en la vida cotidiana, visita tribus primitivas, haz música, modela con barro (o plastilina), toca el tambor, permanece aislado durante un mes o considérate a ti mismo como criminal.

Ejemplos: Una mujer podría practicar desempeñar temporalmente el papel de patriarca y ver si le agrada. Un hombre podría practicar actuar como una bruja en ciertos momentos del día – contando cuentos de hadas o riendo como una bruja, por ejemplo – para ver lo que siente."

Pese a que suene muy raro o ridículo, todos son excelentes ejemplos de cómo puedes recuperar tus proyecciones, porque te darás cuenta de cuándo lo estás haciendo. Al hacerlo también asimilarás como propias otras partes naturales de ti que nunca respiran y eso te permitirá evitar proyectarlas en otras personas y, por lo tanto, también te permitirá ser responsable de más partes de ti.

Capítulo 15: Trabajando en Equipo con tus Tucitos.

Ya comenzaste a tener mis secretos para la paz interior. Ahora bien, te revelaré otro que es también muy exitoso en mi entrenamiento. El secreto para trabajar en equipo con tus tucitos es simple: es como pasarle la estafeta a uno de ellos cuando otro ya está cansado o no puede resolver una situación. La clave está en saber a qué tucito dejar a cargo. Y es muy sencillo: ahorita lo leerás.

Einstein dijo que la definición de locura era esperar resultados diferentes haciendo siempre lo mismo. Tú me dirás que no es tu caso, pero lee con atención y verás si realmente no lo es.

¿Qué problema tienes en la actualidad que no has podido resolver sin importar cuánto lo has intentado? Piensa en él y visualízalo con detalle. Tal vez te cuentes la historia de que lo has probado e intentado todo. No es que no te crea. Pero has tenido el mismo resultado o tu problema ya no estaría ahí. ¿Qué es lo que no te ha funcionado? Según tú has intentado resolverlo usando distintos métodos, pero no te han funcionado porque lo que has hecho lo has hecho utilizando EL MISMO TUCITO.

¿Te sorprendí? Ya te conté que tú naces con todo lo llamado naturaleza humana. Tienes pares de tucitos complementarios que son y serán siempre parte de ti. Valor y miedo. Amor y odio. Inteligencia y simpleza. Ya te expliqué como puedes usar cada uno cuando te conviene. Y cómo darle a cada uno una expresión creativa y positiva. Vas a dar el siguiente paso. Vas a lograr resultados extraordinarios haciendo lo que la gente ordinaria no hace: usando su lado oscuro. Vas a usar el tucito COMPLEMENTARIO al que has usado para intentar resolver tu problema.

Te voy a poner un ejemplo. Tú tienes un conocido que te debe dinero. Se lo has pedido, según tú, de todas las formas posibles. Por la "buena". Por la "mala". Le has dicho que le das plazos. Que cuándo te va a pagar. Que te dé algo a cambio. Y mil formas más. Y crees que has agotado todos tus recursos y que lo has hecho de varias formas diferentes y sin resultado. Te tengo noticias. No tienes resultados diferentes porque lo has hecho con el mismo tucito. En este caso, desde la tolerancia. Y obviamente un tiburón huele la sangre y la debilidad. No importa qué hagas, desde ese tucito lo más probable es que nunca te pague.

¿Qué vas a hacer? Vas a hacer LO MISMO que ya has hecho pero usando tu TUCITO COMPLEMENTARIO. Si siempre has llegado con tono de voz sumiso y con la energía baja, desviando la vista o bajando la cabeza y te has ido igual, no solamente no has resuelto tu problema: le estás pidiendo a la vida que te siga mandando situaciones similares que no puedas resolver y que te hagan decidir sentirte del nabo. Y no vas a eliminar tus patrones usando el mismo tucito. Tus problemas surgen porque repites patrones y lo que requieres aprender es a evitar repetirlos. Para ello requieres aprender la lección atrás del dolor y así indicarle a la vida que ya aprendiste ésa lección, que no requieres repetirla y así evitar por completo ésas personas en el futuro. También verás un cambio inmediato en las personas que atraías con tu patrón. O cambian su manera de ser contigo o se alejan y jamás se te vuelven a acercar.

¿Qué vas a hacer? Vas a llegar con energía y desde la intolerancia. YA NO VAS A TOLERAR MÁS esa situación. Llegas y le exiges un pago, con energía y viéndolo a los ojos y con el cuerpo hacia adelante, la cabeza arriba y tu poder en la mano y la voz y los ojos. Y le dices que o te paga o habrá consecuencias.

Tal vez no resuelvas todo tu problema de inmediato, pero te garantizo que tendrás resultados diferentes. Y con la suficiente práctica podrás ir resolviendo todos esos problemas pendientes que se formaron a partir de tus patrones. Lo más poderoso es que la vida entenderá y tú también. Y evitarás repetirlos y atraer personas similares con una rapidez asombrosa. De hecho tu verás una transformación de golpe. No te asustes de tus resultados; cuando accionas diferente el mundo y la vida te tratan diferente.

Ese es el primer paso para romper patrones. Trabajar con las creencias al nivel en el que se encuentran es algo que verás en el entrenamiento de Encuentro con la Sombra. Pero comenzar por transformar tus patrones a través del trabajo en equipo con tus tucitos ya es un progreso fabuloso que pocas personas logran. De hecho, no conozco mas que a un psicólogo que recomienda lo que yo hago: apoyarte en la sombra para crear resultados espectaculares de manera natural, utilizando partes de ti que la sociedad negaría o reprimiría. Así no solamente le das una expresión creativa a tu sombra; también le das un uso práctico y poderoso que casi nadie conoce y, mucho menos, practica.

Para trabajar en equipo con tus tucitos requieres primero tenerlos en paz. Expresar y soltar adecuadamente tus emociones y que estén contentos dentro de ti.

Una vez que tienes paz interior puedes tener más inteligencia y energía que una persona ordinaria por varias razones. Primero, dejas de perder toda la energía que gastabas en reprimirlos. Segundo, recuperas la energía de cada tucito que tenía para aportarte a ti pero no podías disponer de ella al no asimilar como propia esa parte de ti. Tercero, al darle atención y energía a ésas partes de ti, igual que cualquier otro ser humano, te podrán dar más energía porque estás incrementando su propia energía y con la de ellos la tuya. Puedes crear sinergias poderosas donde antes había conflicto y guerra. Cuando amas esas partes de ti que antes reprimías, ese amor se regresa multiplicado igual que la energía que les dedicas. Igual que el trato con cualquier otro ser humano o el trato con cualquier tucito de cualquier ser humano.

Capítulo 16 ¿Qué es la Sombra Luminosa?

Ya sabes que la sombra es todo aquello que no conoces de ti. También leíste cosas interesantes sobre la sombra oscura y cómo superar los obstáculos que pone en tu camino. Hay un potencial enorme en tu interior y mucho de él también se encuentra en la sombra, y es ésta parte la que se llama sombra luminosa. Aquí se encuentra tu capacidad para un mayor entendimiento de tu espiritualidad. Aquí yacen los poderes que siempre soñaste tener y que nunca habías logrado accesar. Aquí están contenidos los "por qués" de tus sueños, que son la motivación ulterior que te permitirá llegar a ellos. En ésta parte luminosa se encuentran tu alegría instantánea, tu gratitud espontánea, tu amor eterno e incondicional, tu verdadera conexión con la infinita Fuerza Superior o Conciencia Suprema o como desees llamar a la Fuente o a tu Creador. Yacen tu imaginación y creatividad ilimitadas, tu capacidad para manifestar a partir de la nada, tus tesoros más íntimos y grandiosos que aún no te has atrevido a encontrar porque nadie te ha enseñado cómo. Y es por eso que te invito a que vivas el entrenamiento de Encuentro con la Sombra.

La sombra luminosa tiene mucho que ver con tus conversaciones sobre el merecimiento y el éxito. Cuando no sabes que tienes miedo al fracaso o miedo al éxito, éstos miedos pertenecen a la sombra oscura. Pero cuando no sabes que puedes alcanzar el éxito, o por qué lo mereces, éste conocimiento lo encontrarás en tu sombra luminosa. Cuando no entiendes por qué lo que realmente vale la pena de la vida es gratis y que requieres simplemente elegirlo, la respuesta está en la sombra luminosa. Todas las conversaciones que desconoces sobre las partes expansivas y positivas y que te funcionan de ti se encuentran en la sombra luminosa. Cuando no deseas hacerte cargo de tus miedos y límites, estás dándole la espalda a tu sombra oscura. Pero cuando no estás dispuesto a hacerte responsable de tu espiritualidad, de tu merecimiento, de tu amor, de tu abundancia, de tu poder personal, le estás dando la vuelta, la espalda, a tu sombra luminosa. Todo eso ya está dentro de ti, y únicamente requieres accesar a todas esas capacidades que yacen latentes más allá de tus propios miedos o prejuicios. Pero precisamente porque suele ser más intrincado apropiarte de tu libertad, de tu espiritualidad, de tu esencia complementaria y demás, es indispensable primero tener la valentía de hacerte cargo de tu sombra oscura. Una vez que logras eliminar los juicios, una vez que te perdonas y te aceptas tal y como eres, y finalmente comienzas a arrojar la luz sobre tu sombra oscura, una vez que le permites una sana expresión que te funcione en tu vida, podrás comenzar a tocar a tu sombra luminosa. De hecho, ella misma se acercará poco a poco... tímidamente al principio y con más confianza entre más abraces y estés dispuesto a ser responsable por la parte divina y maravillosa que siempre estuvo en tu interior pero que no siempre estabas dispuesto a escuchar o a dejar de ignorar.

La sombra luminosa brilla por sí misma, con un resplandor tenue, invisible ante la imponente y deslumbradora luz del ego. Es por ello que el ego requiere ser pequeño para poder ver a la sombra luminosa. Y que primero requieres atravesar tu sombra oscura: solamente en medio de esa total oscuridad podrás ver tu chispa interior, tu verdadera esencia, la chispa divina que todo ente consciente posee dentro de sí. Porque de otra manera su tenue luz quedará por siempre invisible ante los ojos de tu propia mente. Cuando aceptas y abrazas tu oscuridad sin juicios, cuando trabajas a tu ego negativo y le restas poder hasta desaparecerlo por completo, finalmente creas el contexto y ambiente para que aparezca la sombra luminosa que siempre estuvo ahí pero que no podías ver. Unas veces por tus prejuicios o por no abrirte a la posibilidad de que existiera. En otras ocasiones porque no habías logrado crear el amor, el ambiente y la seguridad para que ésa parte se mostrara. Y a veces porque no elegías recuperar tu poder personal y asumir la responsabilidad de ésas partes luminosas de ti que siempre estuvieron en tu sombra.

Como escribió la sabia Virginia Satir en "Pasos para Ser Amado: Tus Diversos Rostros", surge un nuevo personaje que se llama "Posibilidades Nuevas". Y entrar en contacto con ello implica apropiarte, estar dispuesto a ser responsable de tu sombra luminosa.

Capítulo 17 ¿Cómo Puedes Integrar a tu Sombra?

En la actualidad existen muchos terapeutas que te pueden apoyar a ver tu penumbra; la parte de ti que no conoces y que otros y ellos, especialmente, pueden notar y apoyarte para que la conozcas.

Pero el primer paso para todo trabajo real con la sombra consiste en que estés dispuesto a ser 100% responsable de tu vida y de ti mismo. Mientras no estés dispuesto a tener esa responsabilidad, mientras no asumas como propio lo que ves en otros y mientras te rehúses a admitir que adentro de ti está toda la naturaleza humana con absolutamente todas las emociones y capacidades tanto de creación como de destrucción que todos poseemos, no podrás avanzar en el trabajo interno del autoconocimiento. Esto es indispensable para poder encontrar tu lado oscuro, trabajar con él, evitar que te destruya, aprovechar su potencial oculto, y finalmente lograr encontrar la sombra luminosa, con todo su conocimiento, energía y potencial.

Otra manera en que puedes conocer profundamente la sombra es a través de la búsqueda personal, específicamente, a través del "ciclo del héroe" o "búsqueda del guerrero" o "ciclo del guerrero", o cualquier otro equivalente que encuentres. La búsqueda personal a través de la sombra es una etapa natural en la vida de toda persona, pero en éstos entrenamientos o en tu vida diaria, podrás adquirir mayor conciencia de ti y recibirás herramientas que te permitirán ver en tu interior, conocer tu oscuridad y aprender a aprovecharla. Hay mucho potencial en la sombra y también mucho de ello te puede hacer daño o destruir si no le haces caso o le aprovechas.

Otra maravillosa herramienta disponible es el programa de liderazgo de tres niveles, o el proceso, como le llamamos las personas que ya lo hemos vivido. Éste proceso, que hasta donde yo sé se dio a conocer en los Estados Unidos por John Hanley, ha permitido a miles de personas conocer y acceder a partes de su penumbra y hasta de su sombra a través de dinámicas vivenciales y de interacción personal. En el segundo nivel aprendes a conocer más de tu penumbra que no conoces, recibiendo feedback de otras personas, y comienzas a quitarte tu máscara, tu fachada, y así permites aflorar y salir de ti las partes propias que conoces pero que no permitías que otros vieran. Es una herramienta sumamente valiosa para el conocimiento interior y para alumbrar lo que se encuentra en la penumbra.

Voy a añadir una advertencia importante. Éste trabajo, llevado a cabo únicamente por coaches y entrenadores experimentados y que actúan con profesionalismo, es maravilloso si lo recibes con las personas adecuadas y en la compañía correcta. Hay muchísimas compañías "patito" que imparten el proceso en tres o menos días, lo cual atenta contra la estructura funcional del mismo. También hay muchos entrenadores "patito" que ni cuentan con la experiencia necesaria ni tienen el entrenamiento requerido para poder manejar a personas y mucho menos a grupos de ellas en un viaje de conocimiento interior a través de la confrontación. Yo me generé vivir el proceso en compañías de excelencia, y con los mejores entrenadores disponibles. Me alarma que haya personas que reciban certificaciones de "coach" en un día y ya con eso se sientan capaces de dar ésta clase de entrenamiento. Otros "entrenadores" no tienen ni éso, y se atreven a meter a grupos de personas en procesos de confrontación emocional fuerte, sin saber realmente llevarlos por el proceso, o cómo manejar una crisis. También hay empresas que operan sin valores, o en total deshonestidad, como una compañía que aún le debe 300,000 pesos a una amiga que les prestó para que la fundaran, y los dueños se niegan tajantemente a regresarle su dinero, pese a que han logrado graduar decenas de generaciones. Asimismo hay personas que dan entrenamientos y "coordinadoras" que condicionan a los participantes para graduarse, pidiéndoles dinero, obras de arte, u otra clase de sobornos para poder permitirles su graduación. O hay empresas que ven a las personas en menos de su 100% y les permiten graduarse en deshonestidad, por diversas razones. Al igual que en el campo de la espiritualidad, hay un circo completo de personas y compañías en cuyas manos cae gente que sufre las consecuencias de no enterarse debidamente de cómo son las cosas y de qué clase de gente es con la que se encuentra. Entérate a fondo, solicita información y conoce bien las personas que poseen, dirigen y entrenan en toda compañía antes de tomar la decisión de vivir el proceso. Muchas personas se han suicidado por estar en las manos inadecuadas, y otras más han quedado severamente dañadas mentalmente. También hay "entrenadores" que, guiados por su ego negativo, tienen relaciones sexuales con sus participantes, o permiten que los miembros de su oficina o que las personas que voluntariamente apoyan a los participantes también las tengan. Ésto es una total falta de ética y de respeto y de valores que las compañías serias sí poseen. Pero tú entérate bien y busca toda la información requerida antes de permitir que tu gente, especialmente tus menores de edad, sean abusados por ésta clase de compañías y personas que se llaman a sí mismas "entrenadores" o "coaches". Y es impresionante cómo hay compañías y personas que se dedican al coaching que terminan quebrando o quemando su reputación, y a la gente que me ha preguntado por qué sucede eso cuando, al principio, no eran así, les respondo invariablemente: ego negativo. Toda persona, familia, compañía y país tiene un ego negativo. Me parece inconcebible que haya "entrenadores" con un nivel de conciencia supuestamente mayor al promedio de las personas, y que tengan el descaro de exigir puntualidad en sus entrenamientos y simultáneamente llegar tarde todos los días. Y además, dejar que su ego negativo hable por ellos, diciéndole a la gente que les contrata que "los están poniendo a prueba" al llegar tarde. Puro ego negativo, pero la incapacidad de los propios "coaches" de verlo, o la falta de herramientas para adquirir conciencia de que existe y manejarlo, les impide hacer algo al respecto. El verdadero problema es que tienen vidas en sus manos y compañías que aún los contratan y ponen en riesgo a su gente, pero tú sabrás dónde estás y qué haces y con quién te juntas y a dónde eliges ir a vivir algo tan importante como el proceso. Solamente te sugiero que te informes antes.

Ahora, una técnica sumamente útil para recuperar tu sombra es analizando a la gente que resistes y por qué lo haces. Las personas que no te agradan tienen cualidades tuyas que tú mismo has proyectado en ellas. Requieres asumir como propio lo que ves en tus pares o en las personas que te sirven como espejo. Todo aquello que resistes o que desprecias en otros son solamente tus tucitos que se ven reflejados en ésas personas, y el saber ésto te da la oportunidad de poder observarte a ti mismo. ¿Cuántas personas juzgas o discriminas al día? ¿Lo haces desde el amor o desde el miedo? Porque honestamente, se vale tener una opinión, y puede ser que te formes una opinión que rechace a cierto grupo social, o a cierta persona en particular. Pero analiza el por qué: recuerda que si el rechazo proviene de una postura moral, donde tú eliges no congeniar con alguien porque sus principios universales y valores son nulos o diferentes a los tuyos, seguramente te informará y, por lo tanto, te funcionará para discernir lo que no deseas en tu vida (así como sé discernir y conozco a las compañías y "coaches" que me consta que faltan a sus principios morales y éticos y elijo ni acercarme ni formar alianzas con ellos o sus compañías). Pero si tu "opinión personal" es realmente un juicio, si resistes de ellos cosas que provienen de tu desprecio o repugnancia, indudablemente se trata de cualidades que provienen de tu sombra, y que te dan la maravillosa oportunidad de conocer más de ti y de tu parte oscura.

Finalmente, siempre ha habido intentos por "civilizar" a la sombra; digamos que es reprimirla con civismo. El error es ése; que no se puede civilizar una parte primitiva y elemental de ti como esas emociones tan básicas. La idea es poder convivir con ellas a través de domesticarlas; de ahí nace la idea de congeniar con los demonios, de domesticar al dragón, de domar al toro. Todas son representaciones milenarias de las lecciones profundas que todos sabemos en el inconsciente: es posible domesticar a tu sombra para vivir con ella en paz, pero requieres acercarte como amigo, no como enemigo.

Capítulo 18 ¿Cómo Puedes Integrar a tu Sombra Luminosa?

Encuentro con la Sombra es un entrenamiento. Pero yo no soy un entrenador; soy el primer consultor espiritual de aventura y hago lo que hace un guía espiritual: proporcionarte asesoramiento respecto a temas tanto mundanos como no mundanos desde un punto de vista introvertido y espiritual.

Igual que muchos entrenadores, te llevaré a tus propias respuestas. Solamente que las que puedes alcanzar son de una profundidad mayor cuando recibes las herramientas para buscar hondamente en tu interior, mismas que comparto contigo para que puedas continuar con tu propio viaje interno de descubrimiento.

Yo no tengo tus respuestas, pero te doy herramientas para que encuentres soluciones de un calibre mucho más poderoso, útil y práctico... de otra manera te quedarías, sí, con tus respuestas, pero serían mucho menos poderosas.

Llega un momento en tu vida en que no basta con saber el "cómo". También requieres saber el "¿por qué?", o de otra manera, te harás cargo, asumirás tu responsabilidad, pero seguirás con tu mismo patrón limitante.

En Encuentro con la Sombra te explicaré la Receta mágica del Amor, de LAZARIS, completa y detallada. Con base en ella, he creado mi propia idea de lo que es el amor. Para mi, el amor es una elección consciente y una sinergia. Es una elección consciente porque, aunque es natural amar y es algo que nace desde el fondo de cada alma, en seres que podemos elegir con consciencia, debe ser una elección. Cuando se puede elegir tan seguido que se convierta en un hábito, puede ser un hábito pero elegido y adquirido conscientemente. Asimismo, es una sinergia, porque es un TODO que es más grande que la suma de sus partes.

Hay siete cosas muy específicas y sencillas que hacer para amar. Todos las hacemos y todos podemos hacerlas, pero no basta con hacer ésas siete cosas; ésos son los componentes de la sinergia. Es cuando hacemos ésas siete cosas PARA PROPORCIONAR OTRAS SIETE COSAS, que créamos el estado sinérgico del Amor.

El parteaguas es sencillo: ¿Me estoy esforzando conscientemente por hacer sentir a alguien seguro y a gusto? Si la respuesta es si, estoy amando. Si no, no.

La intención es maravillosa y el hacer es fabuloso. La dirección consciente de todo permite crear magia en mi, en ti y en cualquier persona que elijas amar y a quien elijas enseñarle a amar.

Encuentro con la Sombra es un entrenamiento donde recibirás las herramientas para aprender a manejar a tu sombra y evitar repetir los resultados que nunca te han funcionado. También te permitirá comprender lo que es realmente tu historia, y cómo dejarla atrás para que puedas comenzar a vivir tu vida, y no la escena de sabotaje que repites una y otra vez en lugar de tu verdadera obra maestra de vida.

En el entrenamiento recibirás, de manera metafórica, un mapa, una linterna, cuerda, cantimplora, raciones alimenticias, pico y pala, y todo para que puedas explorar un desierto de noche que lleva a oasis secretos y a cuevas profundas con tesoros muy valiosos. Y te entrenaré para saber cómo moverte en ese terreno y cómo usar las herramientas que te daré.

Pero es solamente eso: un conjunto de herramientas y un entrenamiento de cómo utilizarlas. El entrar en el desierto, encontrar los oasis y las cuevas, buscar y encontrar los tesoros, y tener el valor de recorrer el terreno para aventurarte a conseguir algo valioso de tu interior depende solamente de ti. Ni yo ni nadie puede hacer ése trabajo en tu lugar.

En Encuentro con la Sombra también aprenderás a contactar con el potencial de tu sombra luminosa y lograr, más allá de solamente crear, co-crear con parte de tus capacidades divinas.

Una última distinción que requiero hacerte. En tu sombra luminosa también encontrarás a tu Yo Superior, esa parte de ti que ya está en contacto con Dios pero que tú no has accesado. Es curioso que muchos expertos le dicen a esa parte de la mente el "inconsciente superior". ¿Cómo puede ser superior a tu mente consciente si es inconsciente? El nombre correcto para tu Yo Superior es Mente Consciente Superior. Esa parte de ti lo sabe todo. El que tú no la conozcas no hace que sea inconsciente. Tú eres inconsciente de que existe, pero no por eso es una mente inconsciente; muy al contrario. Siempre está presente contigo y tratando de comunicarse y mucho más consciente de lo que estás tú. Solamente que sus mensajes llegan a través de tu mente inconsciente y subconsciente, y por ello en ocasiones interpretas equivocadamente ésas comunicaciones. Procurará comunicarse contigo a través de sueños, y siempre está consciente de ti. De ninguna manera es una mente "inconsciente superior". Es la Mente Consciente Superior y es consciente todo el tiempo. El crecimiento siempre es hacia algo más grande, nunca hacia algo más pequeño. Creer algo diferente sería querer tener la razón desde el miedo, y no saber la verdad desde el amor.

Quedo a tus órdenes para servirte, si así lo deseas, cuando decidas coincidir conmigo. Ha sido un privilegio apoyarte escribiendo éste libro para ti, con algunos de mis secretos más interesantes.

Mis sitios de Internet por si deseas mayor
información:

http://www.encuentroconlasombra.com

http://www.genelintegracioncorporativa.com

http://www.elpoderdetusombra.com

http://www.ninjagpsoft.com